食べながら成功する

仕事がうまくいく100の開運食事術

西丘 理桜

産業能率大学出版部

はじめに

あなたは今朝、何を食べましたか？

和食派の人は、ごはんに納豆、焼き魚、お味噌《みそ》汁。洋食派の人は、トーストに目玉焼き、ハム、サラダ……といったところでしょうか。

ランチはどうでしょう？　行きつけの定食屋に行き、そのときの気分でサバの味噌煮定食や肉じゃが定食などを食べた人もいれば、コンビニでおにぎりやカップラーメンを買って簡単に済ませた人もいると思います。毎日手作りのお弁当を持参している人もいるかもしれませんね。

どちらにせよ、働く人の大半は、朝起きたら朝ごはんを食べ、昼になったら昼ごはんを食べ、退社後は夜ごはんを食べる――。そんな行為を、当たり前のように毎日の習慣として繰り返しています。

では、その食事を通して、気がついたら営業成績が伸びていたり、プロジェクトが軌道に乗っていたりするなど、仕事がうまくいくようになっていったら、どうでしょう。

「食べる」という当たり前の行為が、今よりも楽しくなってきませんか？

欲しいもの、手に入れたいものがあれば、それを叶えるための献立を選ぶ。いつもの食事が、そんなふうに不思議と夢を叶えてくれるものになったら、それだけで人生がバラ色に転じていきますよね。


こういうと、「そんなバカなこと、あるわけがない」と、あなたは思うかもしれません。

でも、私は今まで自分が関わってきたたくさんの方が、食べることで夢を叶えたり、欲しいものを手に入れたり、人生を好転させたりした姿をこの目でしっかりと見て、記録してきました。

そして、私が陰陽五行をベースに研究に研究を重ねて編み出した〝食べることで開運する方法〟を、より多くの人に知ってもらい、活用してもらいたい——。そんな思いから生まれたのが、この本です。どうか楽しみながら、読み進めてください。

難しいこともなければ、大変な努力も必要としません。ほんのちょっと、「食べる」ということに意識を向けるだけでいいのです。

人生100年時代、1日3回の食事を続けると、人は一生の間に約10万9千500回の食事をすることになります。食事の内容を意識して食べる回数は、さらに限られた数かもしれません。

もし、毎日の食事に目を向けることで、自分の人生が思いどおりになるとしたら、やってみない選択はありませんよね。

「それってどんなもの?」「なんだか興味が湧いてきた」と、思ってくれた方。まだ半信半疑の方も、ぜひ、この本を最後まで読んでみてください。

最後まで読むと、きっと納得していただけると思います。あなたが欲しいと思うもの、売り上げ成績や資格試験への挑戦、うまくいかない職場の人間関係の改善などのために新たな時間や人生を手に入れることができる「食事」に、ぜひともトライしてみてください。

本書は、どこからでもお読みいただける構成になっています。自由に、興味を持ったところから読み始めてみてください。

具体的な食事のメニューや食べ方は、第3章と第4章で紹介しています。「何でそうなるの?」と不思議に思ったら、ぜひ、第1章に戻って読み返してみてください。第1章では、その理由を説明しています。

プロローグでは、「欲しいものを手に入れたい」と開運食に挑戦する4人のプロフィールを描きました。もし、彼・彼女たちの姿が今の自分と少しでも重なるようであれば、ぜひあなたも一緒に取り組んでみてください。

この本を手に取ってくださったあなたが、近い将来、仕事にやりがいを持てるようになったり、人生に至福を感じるようになったりするきっかけを、ここから手に入れていただくこと。それが私の1番の願いです。

西丘理桜

2024年　9月吉日

プロローグ

あなたと同じように毎日の仕事に励んでいる4人の人物がいます。彼・彼女たちは仕事やプライベートに奮闘しながら毎日を過ごしています。

一人ひとりに夢もあれば悩みもあります。生きていくために決められた仕事をしながら、時には叶えたい夢のことを思ったり、うまくいかない事柄について悩んだり、これからの人生について考えることもあります。

日々、生活していく中で、4人が共通して行っていること、それが「食事」です。

1日3回朝昼晩の食事を通して4人が変わっていく様子を、ところどころに挟んでいます。彼・彼女たちは、「顧客に謝罪に行かなくてはならない日」や「苦手な仕事を任されたとき」、または「理不尽な扱いを受けた日」などのシチュエーションでどのような食事を選ぶでしょう。エピローグでは、彼らが食事を通して変わった様子もお見せしたいと思います。

一人目の登場人物は、山本洋一さん（55歳）。食品容器会社の営業課長です。

山本さんは、妻と社会人の娘、大学生の息子の4人家族。普段の食事は、主に家にいる妻が用意してくれるものを食べています。

営業課長という役職柄、ランチは部下と一緒に出先で外食することが多いのですが、考え事をしたいときなどは一人で食事することも。学生時代から喫茶店のナポリタンが大好物だったので、今でも一人で昼食をとるときは自然と会社の近くの喫茶店に足が向かいます。

そんな山本さんの悩みは、子どもたちと同世代の若い部下とうまくコミュニケーションが取れていないことです。成長を期待して厳しい言葉をかけると距離を置かれてしまい、

山本 洋一 さん

・55歳
・食品容器会社の営業課長
・4人家族（妻・娘・息子）
・好物は喫茶店のナポリタン
・若手部下とコミュニケーションがうまく取れないことが悩み

かといって気を使って盛り上げようとしても、なんだか空回りしてしまいます。

　管理職として、チームが一丸になれていないと痛感しており、それが営業数字を達成できない原因だとも感じています。定年まで、あと数年。この状態が続けば、定年後の再雇用にも響くのではないかと心配しています。

　2人目は、長谷川実可子さん（35歳）。大手デベロッパーグループの不動産会社で内勤業務をしています。

　大学進学をきっかけに、田舎の実家を出て都内で一人暮らしを始めました。帰省するたびに結婚を急かされ、「そろそろ田舎に帰ってきたらどうか？」と言われるのが苦痛です。

健康志向のため、普段の食事は和食がメイ

長谷川　実可子 さん

- 35歳
- 不動産会社の内勤業務
- 一人暮らし
- 和食が多く、自炊メインの食事
- キャリアアップして周囲に認められたい

ン。昼食はお弁当を持参することが多く、夕食も帰宅後に自炊することがほとんどです。でも時には後輩を誘ってランチに出かけたり、仕事帰りに食事に行ったりすることも。

代わり映えのない日常につまらなさも感じており、40歳を迎える前にキャリアアップを目指したい思いもあります。でもそれは、高収入を得たいというよりは、実家の家族に認められるような地位や働き方を手に入れたいという気持ちが強いのかもしれません。

けれども、そのために何をすればよいのかわからず、本を読んだり、勉強会に参加したりするものの成果が出ずに、もやもやした気持ちを抱えているのが現状です。

3人目は、田代奈央さん（29歳）。派遣社

田代 奈央 さん

・29歳
・アパレルメーカーの営業事務（派遣社員）
・4人家族（父・母・妹）
・友人と外食することも多い
・派遣社員としての働き方に不安を抱えている

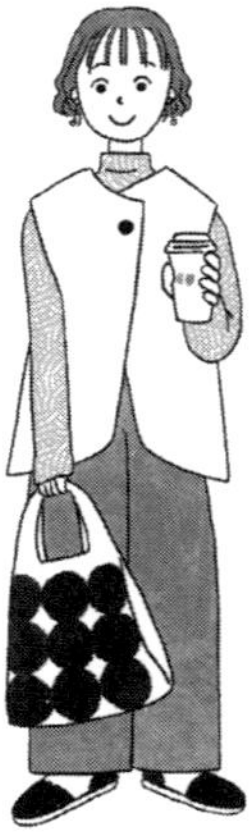

員としてアパレルメーカーの営業事務をしています。

短大を卒業後に就職した小さな商社が肌に合わず、入社後2年で退職し、派遣会社に登録しました。今の勤務先は3社目の派遣先です。

両親と妹の４人で都内近郊のマンションで暮らしており、食事の支度は、パートで働く母親と料理が好きな父親が仲良く担当しています。保育士として働く妹と仲が良く、仕事の愚痴などもよく聞いてもらっています。また、学生時代の友人たちとも交流が続いており、仕事帰りに待ち合わせて食事に行くことも。

今のところ仕事に不満はありませんが、手に職を持ち、安定した仕事に就いている妹とどうしても比べてしまいがちです。「自分はいつまでこうして働くのだろうか」と、将来への漠然とした不安が尽きないけれど、明確な答えが出せないまま先送りしてしまいます。

最後は、中村壮太さん（27歳）。Ｗｅｂエンジニアとして勤務している会社で、顧客の依頼によってシステムやデザインなどのさまざまなＷｅｂ開発をしています。

隣県に両親と弟が暮らす実家がありますが、就職をきっかけに自分で部屋を借りて一人暮らしを始めました。

仕事が忙しく時間も不規則なことが多いため、食事は手早く食べられるものばかり。昼食はコンビニ弁当か、職場近くのうどん屋やラーメン屋などで済ませるのが定番です。
　今の会社では顧客の依頼に合わせて仕事をするため、自由度が低いうえに技術的な成長も望めません。休みも少なく、得られる対価も少ないので、30歳までに独立して友人と起業しようと計画しています。ところが、毎日あまりに多忙なので起業準備の時間が取れず、また、思うように資金もたまらず、思い描いていた夢が遠くなりつつあります。

　山本さん、長谷川さん、田代さん、中村さんは、現状に耐えられないほどの不満があるわけではありません。しかし、このままの生活が続くのは不安で、何か一歩を踏み出したい。でも、踏み出すための手立てがわからな

中村 壮太 さん

- 27歳
- Webエンジニア
- 一人暮らし
- うどんなどの麺類が好き
- 日々の仕事が忙しく、「独立する」という夢が遠ざかりつつある

い。時間も、気持ちの面でも余裕がない。そもそも、自分が抱える不安の具体的な中身もよくわからない……そんな状況かもしれませんね。

4人は、「食事に意識を向けること」によって、どんどん変わっていきます。

彼・彼女たちは、どうやって山や谷を乗り越えて行くのでしょうか？

そして、最後に彼・彼女たちはどのようなゴールにたどり着くのでしょう？

ぜひ、本書をお読みいただきながら、4人が取った方法を確認し、よかったらあなたも試し、毎日の生活に取り入れてみてください。

運食一覧

	食事メニュー	こんなときに	掲載ページ
51	豆乳鍋	心配事がある	143
52	もつ鍋	怒りが鎮まらない	145
53	カレー鍋	心が折れそう	146
54	カレーリゾット	心が折れそう	146
55	カレーうどん	心が折れそう	146
56	トマト鍋	ヒステリックな 言動が止まらない	147
57	石狩鍋	自己肯定感の低下	149
58	豚の生姜焼き	定食屋で食べるとき	154
59	鶏の南蛮唐揚げ	定食屋で食べるとき	154
60	サバの塩焼き	定食屋で食べるとき	154
61	青菜のお浸し	定食屋で食べるとき	154
62	ひじき煮	定食屋で食べるとき	154
63	ゴマあえ	定食屋で食べるとき	154
64	ゴマあげの味噌汁	定食屋で食べるとき	154
65	カボチャの煮物	定食屋で食べるとき	154
66	豚汁	トンカツ屋で食べるとき	156
67	ヒレカツ	トンカツ屋で食べるとき	156
68	ロースカツ	トンカツ屋で食べるとき	156
69	串カツ	トンカツ屋で食べるとき	156
70	握りずし	すし屋で食べるとき	157
71	ちらしずし	すし屋で食べるとき	157
72	酢豚	町中華で食べるとき	160
73	麻婆豆腐	町中華で食べるとき	160
74	エビのチリソース	町中華で食べるとき	160
75	サンドイッチ	喫茶店で食べるとき	162

	食事メニュー	こんなときに	掲載ページ
76	ホットドッグ	喫茶店で食べるとき	162
77	シーフードカレー	カレー屋で食べるとき	167
78	チキンカレー	カレー屋で食べるとき	167
79	ビーフカレー	カレー屋で食べるとき	167
80	ポークカレー	カレー屋で食べるとき	167
81	ハンバーガー	バーガーショップで 食べるとき	171
82	フィッシュバーガー	バーガーショップで 食べるとき	171
83	チキンバーガー	バーガーショップで 食べるとき	171
84	かけそば	駅そばで食べるとき	173
85	天ぷら	駅そばで食べるとき	173
86	きつねうどん	駅そばで食べるとき	173
87	いなりずし	駅そばで食べるとき	173
88	ミックスジュース	ジューススタンドで 食べるとき	176
89	枝豆	居酒屋で食べるとき	186
90	冷ややっこ	居酒屋で食べるとき	186
91	ソーセージ	居酒屋で食べるとき	186
92	焼肉	鉄板焼き屋で 食べるとき	188
93	キムチ	鉄板焼き屋で 食べるとき	188
94	お好み焼き	鉄板焼き屋で 食べるとき	188
95	ジンギスカン	ビアホール・ビアガーデンで 食べるとき	190
96	ポテトフライ	ビアホール・ビアガーデンで 食べるとき	190
97	鶏の水炊き	鍋を囲むとき	192
98	カニ鍋	鍋を囲むとき	192
99	すき焼き	鍋を囲むとき	192
100	酢菜白肉鍋	鍋を囲むとき	192

100

	食事メニュー	こんなときに	掲載ページ
1	青椒肉絲	ノルマを達成する	100
2	ピーマンの肉詰め	ノルマを達成する	100
3	ゴーヤと牛肉のソテー	ノルマを達成する	100
4	カボチャのポタージュスープ	商談を成功させる	102
5	スイートポテト	商談を成功させる	102
6	焼きイモ	商談を成功させる	102
7	トンカツ	試験に合格する	104
8	ポークソテー	試験に合格する	104
9	親子丼	周囲の期待に応える	105
10	オムライス	周囲の期待に応える	105
11	ペスカトーレ	会議で意見を述べる	107
12	ボンゴレロッソ	会議で意見を述べる	107
13	ナポリタン	会議で意見を述べる	107
14	ミートソース	会議で意見を述べる	107
15	アジフライ	うっかりミスをなくす	109
16	イワシの唐揚げ	うっかりミスをなくす	109
17	サンマの竜田揚げ	うっかりミスをなくす	109
18	ブルーベリーのジャム	記憶力をアップする	110
19	五目あんかけ焼きそば	事務処理能力を上げる	111
20	五目の炊き込みごはん	事務処理能力を上げる	111
21	八宝菜	事務処理能力を上げる	111
22	中華丼	事務処理能力を上げる	111
23	ゴーヤチャンプルー	セールストーク上手になる	114
24	ボンゴレビアンコ	企画力を高める	115
25	イカやツナの和風パスタ	企画力を高める	115

	食事メニュー	こんなときに	掲載ページ
26	冷やし中華	良好な人間関係を維持する	116
27	ゴマダレのそば	後輩の指導係を引き受ける	118
28	アスパラベーコン	どんな相手と組んでも成果を上げる	120
29	ハムとインゲンのソテー	どんな相手と組んでも成果を上げる	120
30	さやえんどうとコーンビーフのソテー	どんな相手と組んでも成果を上げる	120
31	牛ステーキとコーンソテー	部下から頼られる上司になる	122
32	バーベキュー	部下から頼られる上司になる	122
33	牛 100 % ハンバーグ	部下から頼られる上司になる	122
34	シナモントースト	面倒な役割を引き受ける	124
35	レバニラ炒め	悔しさを克服する	125
36	イワシの刺身	他者からのアドバイスに素直に耳を傾ける	128
37	サンマの刺身	他者からのアドバイスに素直に耳を傾ける	128
38	アジのたたき	他者からのアドバイスに素直に耳を傾ける	128
39	白菜の漬物	相手を立てて物事をうまく進める	130
40	大根の漬物	相手を立てて物事をうまく進める	130
41	白ごはん	相手を立てて物事をうまく進める	130
42	餃子	あらゆる仕事を俯瞰して見る	132
43	焼売	あらゆる仕事を俯瞰して見る	132
44	きんぴらごぼう	リーダーシップを高める	133
45	五目ずし	チームの全体力を高める	135
46	麻婆ナス	ビジネス数字に強くなる	136
47	しじみの味噌汁	好奇心を持って視野を広げる	137
48	フレッシュジュース	問題点に気づく	139
49	馬刺し	チャレンジし続ける	141
50	羊肉のソテー	チャレンジし続ける	141

目 次

はじめに……1
プロローグ……5

1

うまくいく秘訣は「食」にあった――19

1. あなたが手に入れたいものは何ですか?……20
2. 陰陽五行とは……28
3. 生活の中に溶け込む五行……35
4. 開運食、見つけた!……47

コラム「ワカメを食べると髪がふさふさになる?」……53

2 朝昼晩「基本の3食」と「基本の食材」

朝昼晩「基本の3食」と「基本の食材」―― 55
1. 今日から食べよう！ 五行別おすすめの食材…… 56
2. 朝ごはんは王様のように！ 今日の予定は何ですか？…… 66
3. 昼ごはんは貴族のように!? 昼食は1日の要です…… 73
4. 夜ごはんは質素であるべし…… 82
5. 甘いものは別腹？ 意外と大事な間食…… 87
6. お酒の時間…… 92
コラム「朝のお茶がおいしい日はいい天気？」…… 96

3 仕事のスキルアップを叶える開運食

仕事のスキルアップを叶える開運食―― 97
1. 仕事に必須の3つのスキル…… 98
2. テクニカルスキルをアップする…… 100
3. ヒューマンスキルをアップする…… 116

4. コンセプチュアルスキルを高める …… 132
5. 感情をフラットに保つ～メンタル面のケア …… 142
コラム「ミョウガを食べると忘れっぽくなる？」…… 151

4 仕事がうまくいく外食術

仕事がうまくいく外食術 153
1. 「時間あり・予算あり・食欲あり」の場合 …… 154
2. 「時間あり・予算あり・食欲なし」の場合 …… 162
3. 「時間なし・予算あり・食欲あり」の場合 …… 167
4. 「時間なし・予算なし・食欲あり」の場合 …… 173
5. 「時間なし・予算なし・食欲なし」の場合 …… 176
6. 【番外編】外食できないときは …… 179
7. 接待・会食・宴会などで使える飲食店 …… 181
コラム「大谷選手とゆで卵」…… 194

エピローグ……196
おわりに……204
参考文献……208

第1章

うまくいく秘訣は「食」にあった

1．あなたが手に入れたいものは何ですか？

お金で買える「欲しいもの」とお金で買えない「欲しいもの」

最初に、胸に手を当てて考えてみてください。あなたが今「欲しい」と思うもの、「手に入れたい」と願うものは何でしょうか？

「ずっと欲しいと思っている車があるんだ」、「いつかマイホームを手に入れたい」など、家や車を思い浮かべた方もいるでしょう。家や車は手に入れたいものの代表選手、誰もが憧れるものの一つですよね。

家や車ほどの大物ではなくても、「SNSに載っていた服が欲しい」とか「お店で見かけたバッグが欲しい」など、もうちょっと身近な日用品を思い浮かべた方もいるかもしれません。

一方、「もっと給料のいい仕事」、「もっと楽しくできる仕事」、あるいは「少しくらい給料は低くてもいいから、もっと休みが取りやすい仕事」などを欲しいと思う人もいるかもしれません。

また、叶えたい夢があり、そのために必要な資格がある場合などは「試験の合格通知」

が「喉から手が出るほど欲しいもの」ではないでしょうか。

中には、「健康」という人もいるでしょう。「年のせいか、ちょっと運動するとすぐに息が切れてしまう」、「健康診断の数値が気になるけれど、好きなものを我慢したくない」という場合は、手に入れたいのは「健康な体」であり、無病息災を願う人もいるはずです。「体験」も一つの手に入れたいものでしょう。例えば、「○○へ行きたい」といった旅行もそうですし、「楽器の演奏」や「留学経験」なども当てはまります。

さらに、「人間関係」や「能力」なども挙げられます。コミュニケーション能力を上げ、周囲の人と気持ちよく仕事ができるようになりたい。特定の誰かとの関係を今より深めたい。新しいことに挑戦する勇気や、始めたことを続けていく根気を身につけたい。社会へのアンテナ感度を高め、創造性あふれるアイデアを生み出し、それを実行に移す行動力が欲しい……など。

「欲しいもの」や「手に入れたいもの」を挙げていったら、きりがありませんね。

食べることで欲しいものが手に入るとしたら

では、欲しいものを手に入れたいと思ったとき、あなたはまず、何から始めますか？

お金を払えば手に入るものであれば、お財布の中身や貯金の額を確認するかもしれません。どこで買えるのかをネットで調べたり、買おうかどうしようかと周囲に相談したりするケースもあるでしょう。

では、お金では買えないもの、お金を払ってもすぐには手に入らないものの場合はどうでしょうか？

例えば、技術や資格のように、お金に加えて時間や努力が必要なことの場合。まずは、学べる場を探して、どれくらいの時間とお金と労力を要するのかを調べます。そして、自分はそれだけの費用をかけられるか？ 忙しい毎日の中から、その技術を習得するために時間と労力を割くことはできるのか？ あるいは、それだけの対価を払って取り組んで手に入れた技術は、今の自分の生活にどれだけプラスに働くのだろうか？ といったことを天秤《てんびん》にかけて考えるかもしれません。

そして結局「今の自分には時間が足りない」とか「大きな労力の割にリターンが少ない」などと判断して、「仕方ない、またの機会にしよう」と見送ったり、諦めたりすることもあるでしょう。

「欲しい」「手に入れたい」と思っても、簡単に手に入るものばかりではありません。私たちが持つお金にも時間にも限りがあり、日々の決まった生活の中に新しい物事を加えることは、簡単なようでいて、案外難しく、面倒くさいものです。

けれども、もし特別な費用も時間も努力もいらず、ほんの少し意識をそこに向けるだけで毎日の生活に無理なく取り込むことができ、それだけで「欲しいもの」が手に入れられるとしたら？


ここでちょっと、普段のあなたの1日を振り返ってみてください。

朝起きて朝食を食べ、出勤して午前の仕事をこなし、昼食でエネルギーをチャージし、午後の仕事を済ませてから帰宅。そして夕食の後、入浴して、就寝する。多くの人はこのような生活を送っていると思います。

さて、このサイクルの中に、誰もが毎日決まって行うことがいくつかあります。人によって時間や回数は少し変わるかもしれませんが、年齢も職業も生活スタイルにも関係なく、全ての人が必ず毎日行うこと……その一つが「食事」です。

食事は、私たちが生きていくうえで欠かすことのできない重要な行為の一つです。私たちは記憶にないほど幼い頃から食事をするようになり、やがてそれは習慣となりました。毎日当然のように行っている「食事」という行為。これをうまく活用して、欲しいものを手に入れられるならば、試さない手はありません。

本書では、毎日の食事に目を向け、無駄にお金をかけることなく、自然に無理なく確実に、あなたが欲しいものを手に入れる方法をお伝えしていきます。ここでいう「欲しいもの」は、家や車のようにお金を払って手に入れるものではありません。お金や時間をかけても簡単には手に入れられない「欲しいもの」です。

「幸せ」を定義する5つの項目

「幸せ」の定義は何だと思いますか？ ここまで挙げてきた「欲しいもの」「手に入れたいもの」は、別の言葉に置き換えると「それがあれば幸せになれる（と考えられる）もの」ではないでしょうか？

「幸せ」の定義を言葉にすると、大きく次の5つの項目にまとめることができます。

①愛
②人間関係
③仕事
④お金

⑤健康

この５つの項目一つひとつが十分に満たされて、バランスよくあなたを取り巻いている状態が「幸せ」なのです。

人それぞれ目指すものによって5項目のバランスは違うかもしれませんが、基本は、どの項目も欠けることなく、まんべんなくそろっていることが理想です。

お金だけたくさんあってもダメだし、仕事だけできればよいということでもありません。健康な体は大事ですが、その体を持て余しているようでは、やはり好ましくはありません。お金と仕事と健康と、程よい距離感の人間関係。これらをバランスよく持っていることが、幸せな状態に1番近いのではないでしょうか。

ところが、これら全部を充実させ、気持ちよくそろえることはなかなか難しいものです。だから、人は足りないものをどうにか手に入れようとして、あれこれ努力をするのでしょう。

では、これら5つの項目を一つひとつ見ていきたいと思います。

一つ目は「愛」です。思いやりや優しさ、かけがえのない人を大切にできること、自分よりも弱いものを守るといった心です。もちろん、自分自身を大切にすることも含まれますね。

2つ目は「人間関係」です。人は一人では生きていけないとよくいわれますが、そのとおり。どんな環境にあっても、人とのつながりなしに生きていくことは難しいし、不可能といっていいでしょう。

時々、「孤独が好き。一人が好き」という人もいますが、それは生活の中のある部分に限られます。住まうこと、食べること、移動することなど、身の回りのあらゆることは誰かとの関わりで成り立っています。現代社会で生きていくためには、他者との関係は絶対に欠かすことはできないのです。

3つ目は「仕事」です。社会の一員として生きていくうえでも、世の中に貢献していくためにも、自分に役割があるというのはとても大事なことです。

中でも、仕事は最も身近な役割の一つです。仕事という役割を通して、生きていくために必要なお金を稼いだり、心にプラスの刺激を与えてくれる人間関係を築いたりしていきます。仕事を辞めて第一線から退き、何もしなくなった途端に心や体に不調が現れた……なんていう話はよく耳にするものです。

もちろん、対価をもらうことだけが仕事ではありません。外で働く仕事以外にも、家庭での家事や育児、地域での活動など、自分が役割を自覚して関われるもの全般を「仕事」といって差し支えありません。

４つ目は「お金」です。お金は多ければ多いだけ幸せの度合いも大きくなるのかというと、必ずしもそうとは限りません。お金への欲は天井知らずです。いつまでも満足せず、常に「足りない」と思っていると、幸せは遠のいていきます。

そうならないためにも、「あなたが欲しいと思う額」ではなく、「あなたにとって必要な額」を基準に考えることが、幸せへの近道です。必要最低限プラスαを目指しますが、必要最低限の額やプラスαがいったいどれくらいなのかは、人それぞれ考え方や価値観によって大きく変わるので、一概にいくらあればよいとはいえません。

５つ目が「健康」です。最後になりましたが、先に挙げた４項目の全ては「健康」なしに語ることはできません。全ての幸せの原点は「健康」にあるといってよいでしょう。

自分が健康であれば、心に余裕も生まれます。すると周りに対しても配慮ができるようになり、優しく接することができるようになります。相手のことを思いやった言葉がけや行動ができれば、より良い人間関係をつくることができるでしょう。また、健康な心と体があるからこそ、思いっきり仕事に打ち込むこともできます。悩みなく一生懸命働くことができると、お金もそれについてくるものです。人間関係の構築やお金を稼ぐことができるのも、健康な心と体があるからこそです。

幸せを定義する5項目の基本となるのが、心と体を健康に保つことです。では、そのために必要なものは何でしょうか？

答えは、適度な「運動」と必要十分な「休息」。そして、何より大事なのはバランスの取れた「食事」です。この3つはいつも頭の隅に入れておいてくださいね。

2．陰陽五行とは

「陰陽五行＝占い」ではありません

前節で、「幸せ」の定義は5項目からなると紹介しました。ここでもう一つ、「幸せ」に関係する大切なことについてお話ししたいと思います。

皆さんは「陰陽《いんよう》五《ご》行《ぎょう》」という言葉をご存じですか？

まず、「陰陽」はいかがでしょうか？ 少し前に「陰陽《おんみょう》師《じ》」という映画が公開されて話題になりましたので、耳にしたことがあるという方もいるかもしれません。

「陰陽師」の「陰陽」と陰陽五行の「陰陽」は、読み方は異なりますが、実は同じものです。

テレビドラマや映画の中での陰陽師は、怪しげな魔術を使って占いをしたり、星を見て予言をしたり、魔方陣を作って妖怪と戦うなど、少し現実離れした存在に描かれがちです。けれども実際の陰陽師は、平安時代に国政を行う機関の一つである「陰陽寮」という、今でいうところの「文部科学省」や「国土交通省」などと同じような機関に属する官職、いわば省庁の役人でした。

彼らは、確かに魔術（のようなもの）を使うこともありましたが、その業務のほとんどは夜空に輝く星の動き（天体）や四季折々に起こる自然の現象などを観察して、それらをもとに、帝をはじめとする国の政を動かす実力者たちに政治の動かし方などを助言することでした。

科学が発達していない時代に、空の星を見て地震や洪水などの天変地異を的中させたり、まじないによって病気を治したりする行為は、一般の人々からすると仕事とはいえ少し神がかったものに感じられたのかもしれません。

平安時代の陰陽師として有名なのが、安倍晴明《あべのせいめい》です。『大鏡』や『今昔物語集』などにも登場しており、陰陽師というものが古来の日本で重要な役割を果たしていたことをうかがい知ることができます。

映画やテレビドラマの影響もあり、平安時代から１２００年以上たったこの令和の時代になっても、「陰陽師」には何やらミステリアスなイメージがつきまといがちです。同様に、彼らが使う陰陽という考え方も怪しげなベールをまとい、「陰陽＝うさんくさいもの」として定着しているのかもしれません。

けれども、陰陽は実際にはそうしたものではありません。

陰陽は、中国で春秋時代以前から広く使われてきたものです。もともとは、世にある物事の理屈や自然現象を考え、世の中のあらゆることを表現するための手段でした。

人々が生きていくために必要な情報を探求する学問・哲学であり、その手段の一つとして占いや魔術（正確には魔術ではなくお経の一種）があったのです。そして仏教や儒教といった宗教と同様に、人々の心のよりどころでもあり、物事をより広く深く研究するための考え方でもありました。

陰陽を占いや魔術と捉えると怪しさが先に立ってしまい、何だか信用できないものに感じられるでしょう。しかし、理論的な裏付けがあるのはもちろんのこと、長い間、さまざまな場所や多くの人々の間で使われ、培われてきた揺るぎない歴史があります。その意味において、陰陽は、あらゆる場面で物事の始まりや変化の一覧を表す、この世で１番古い考え方の一つなのです。

五行の起源と歴史

陰陽について、少しはおわかりいただけましたか？　続いて、本書で実際に活用していく「五行」について、もう少しだけ詳しく説明しますね。

五行も陰陽と同じく、古代の中国で発生した哲学です。五行は6世紀頃に仏教などと一緒に中国から日本に伝わったといわれています。

五行は陰陽と一つにして使われることが多いのですが、もともとこの2つは別のものでした。はじめに陰陽という考え方があり、その考え方をさらに5つに分けたのが五行です。

五行の「五」は、自然界に存在するさまざまなものを「木・火・土・金・水（モッカドゴンスイ）」の5つのグループに分けたことが始まりでした。

さて、皆さんは「木・火・土・金・水」と聞いて、何を思い浮かべますか？　おそらく、多くの方はカレンダー（暦）を思い浮かべることでしょう。実は、暦のルーツもこの五行にあるのです。

自然界に存在するあらゆるものを「木・火・土・金・水」の5つに分け、その一つひとつが独立した機能や力、作用を持ち、互いに助けたり支えたり、あるいは、やっつけたりやられたりする……。こうしてこの世界は成り立っているという考え方です。

詳しく説明するときりがなく、本書ではそこまで専門的なことは必要ないので、ここでは省きましょう。もっと詳しくお知りになりたい方は、陰陽五行について書かれた本を読んでみてくださいね。

初めのうち、五行は「五材」といわれていました。五材とは、私たち人間が生活をしていくために必要な道具や物を指していたようです。つまり、5種類の道具、です。

公式に具体的な記録が残っていないため、あくまで想像になりますが、木は住居や器として、火は煮炊きに使われ、土は作物を育てるために、そして、金は加工されて斧《おの》や矢じりなどになり、水はありとあらゆる場面において不可欠なものと、私は考えています。

どれも、太古の昔から現代に至るまで、人間の生活に必要なものであることに変わりはありません。このようにして、五行は5つの道具・材として受け継がれてきたのです。

また、五行の一つひとつはつながっており、それぞれ役割を果たしながら次につないでいく働きもあります。

そんな五行の働きは、時間の考え方にも活用されてきました。古代中国では、時間の流れに始まり、大きくは四季の移り変わりにも、この五行を当てはめていたようです。そのため暦をはじめとして、時刻の表し方にも五行が使われているのです。

「青春」は、なぜ「青い春」なのか？

青い春と書いて「セイシュン」と読みます。最近は「アオハル」とそのまま読ませることもあるみたいですが、「セイシュン」と聞くと、胸がキュッとする人もいるかと思います。青春時代の淡い思い出や、熱く過ぎていった時間が思い出されますよね。

実は、この「青春」という単語も五行から生まれたものです。五行では、季節も５つのグループに分けています。

５つ？　四季なのに？　そう、季節は春夏秋冬の４つですが、季節と季節の間に「土用」というものを挟んでいることが関係しています。

夏バテ防止にウナギを食べる習慣がありますよね。「土用の丑の日」の土用です。五行の世界では「春夏秋冬＋土用」で、季節も５つになるのです。

そして、五行では季節にそれぞれ色が当てはめられています。春に当てはめられた色は青。だから「青春」なのです。

さらに付け加えると、春は始まりの季節。木々が芽吹き、花のつぼみがふくらみ始める季節です。人の一生を五行に当てはめたら、始まりの春はまさに子どもから青年に変わっていく若さの時期にぴったりです。

また、詩人の北原白秋をご存じですか？　北原白秋はペンネームですが、この「白秋」もまた、青春と同じく、人の一生を季節にたとえ五行で表した言葉です。

人生は、春の青春に始まり、働き盛りの壮年期である夏を通り過ぎ（ちなみに夏の色は赤です）、実りの季節を迎え、人生のスピードをゆっくりと落としていくのが秋です。秋の色は白。中国では老年期に差しかかることを「白秋」といいます。

ただし、北原白秋がそのことを知ったうえでこのペンネームにしたかどうかは定かではありません。諸説あるようですが、本当のところどうだったのか、今となっては知るすべはありません。もし理解したうえでの名付けだとしたら、彼の作品には、そうした背景も少しは影響していたのかもしれませんね。

３　時のおやつ

五行について理解するに当たり、季節と色について紹介しました。せっかくなので、もう一つ、「時間」についても触れておこうと思います。

時代劇などで、時刻を指す「子《ね》の刻《こく》」「丑三《うしみ》つ時《どき》」などが使われているのを聞いたことがありませんか？　季節と同様に時間や時刻も五行をベースに表すことがあり、「十二時《じゅうにじ》辰《しん》」といいます。

十二時辰は、1日をおよそ2時間ずつの12の時辰に分ける時法です。十二時辰において、午後3時は8番目に当たり、「八《や》つ刻《どき》」といいます。

「おやつ」の由来は、江戸時代までさかのぼります。当時は、1日2食が一般的だった時代。朝食の後、夜の食事までに時間があくので、お腹がすいてしまいます。そこで、朝食と夕食の合間の「八つ刻」に軽食、間食を食していました。これを「おやつ」と呼ぶようになったことが語源だといわれています。

現代の24時制では、「どうして3時なのに〝おやつ（八つ）〟なの？」と思ってしまいますが、こんなところにも五行の仕組みを垣間見ることができるのです。

3. 生活の中に溶け込む五行

身体も感覚も五行

「五感」や「五臓六腑」は、五行がルーツになった言葉です。

「五感」は、視る・聴く・嗅ぐ・味わう・触れる、の5つの感覚を指します。視る（視覚）

は眼。聴く（聴覚）は耳。嗅ぐ（嗅覚）は鼻。味わう（味覚）は舌。そして、触れる（触覚）は口です。皮膚ではなく、口なのですね。

「五臓六腑」は、身体の内側にある臓器、内臓を指す言葉です。心臓に始まり、肺、肝臓、腎臓、脾臓《ひぞう》が「五臓」。ちなみに、あまりなじみのない脾臓は、中医学では消化の機能を助ける器官と考えられています。

「六腑」は、胃、小腸、大腸、膀胱、胆のう、三焦です。三焦はあまり聞き慣れない言葉かもしれませんが、器官の名前ではなく、体の働きを表す言葉として理解してください。五臓六腑は臓器そのものではなく、もっと広い視野からその臓器の働きに着目した言葉です。こうした言葉は、現代医療のいわゆる西洋医学的な言葉ではなく、古くから長い時間をかけて受け継がれてきた「東洋医学」や「ギリシャ医学」の世界で使われる言葉です。つまり、私たち人間の心や体に対する始まりとなる考え方から生まれた言葉なのです。

感情も5つに分けられる

「嬉しい」「悲しい」といった気持ちや感情は、心の動きだと思われていますが、実は体と深いつながりがあります。

「そんなに興奮すると血圧が上がるよ！」などと言われたことはありませんか？　喜びや驚きなど、興奮をもたらす感情は心臓と深い関係にあります。適度な興奮は刺激となって代謝を上げるなどの良い効果もありますが、度が過ぎると血圧上昇をはじめ、動悸《どうき》が起こるなど心臓に負担をかけることになりかねません。

また、昔は子どもが理由もなくぐずったり、夜泣きをしたりするのは「疳《かん》の虫」のせいだとされていました。実際に虫がいたわけではありませんが、子どもが泣くはっきりとした理由がわからなかったので「虫」のせいにしていたのです。

「疳」は「かん」と読みますが、同じ読み方をする「肝臓」の働きに深い関係があります。大人でも、イライラしたり怒ったりする感情、ヒステリー症状は、肝臓の働きに関わりがあります。肝臓の働きが弱っているとイライラしやすく、また、そうした状態が長く続くと肝臓の働きが弱るという悪循環を生み出します。

では、「胃」が痛くなるのはどんなときでしょうか？　悩み事があったり、次々と難題が降りかかってきたり、心配事が頭から離れないときですよね。胃をはじめとする消化器官に負担がかかるのは、このように思い悩むときです。

胃腸が元気で調子が良いときは、ちょっとやそっとではへこたれません。けれども胃腸の調子があまり良くないと、普段以上に思い悩んでしまう。そして、思い悩むから、さらに胃が痛くなる……といったように、マイナスのサイクルを生み出しかねません。

悲しくて気持ちが沈んでしまうときは、「肺」に悪影響を及ぼします。悲しみのあまり、下を向いてため息ばかりついてしまうというときは、体の中では肺がダメージを受けています。体の中に新鮮で良い空気をたくさん入れたいとき、人は少し斜め上を向いて呼吸をします。下を向いて深呼吸する人はいません。憂い事や悲しみは「肺」と深い関係があるのです。

怖い思いをしたときに影響を受けるのは「腎臓」です。恐怖や驚き、びっくりしたときの感情は、腎臓の働きに影響します。腎臓が弱い人や腎臓が弱っているときは、恐怖の感情に支配されやすい傾向があります。逆に腎臓の働きがしっかりとしていれば、些細《ささい》なことで驚きはせず、恐怖に震え上がったりすることもありません。

このように、人の感情も大きく5つに分かれ、体の働きとともに五行に当てはめることができます。その観点からいえば、体も心も感情も全ての始まりは五行なのです。

色や形を五行に分ける

中国では、色の基本となる「五色《ごしき》」があります。日本では色といえば色彩の三原色「赤・

青・黄」がすぐに浮かぶと思いますが、五行をもとにした五色は、この3色に「白」と「黒」が加わります。

五色はもともと中国のものでしたが、私たちの日本の生活にもすっかり溶け込んでいます。例えば、鯉のぼりの吹き流しや、神社やお寺にある吹き流し。そのほか、相撲の土俵の上に飾られる房も5色です。一つひとつの色にも意味がありますが、5色全部をそろえることで「魔よけ」の意味があるといわれています。

前節で、季節にも色があるとお伝えしました。春の色、青春の色は「青」、秋の色は「白」。そして、夏の色は「赤」(中には「朱色」としている文献もあります)、冬の色は「黒」です。

五行の世界では、四季に加えて、季節と季節の間をつなぐ「土用」があるとお伝えしました。つまり、五行における季節は「春夏秋冬＋土用」の5つです。土用の色となるのが、最後の1色である黄色です。

また、私たちの身の回りの形にも、五行要素があります。長方形、三角形、正方形、円形、そして無形。すなわち、最後は「形のない形」です。

これは、形が変わるもの、一つの枠にはまらないもの、あるいは常に動いていて一つに定まらないものなどを表します。例えば入れ物によって形が変わるものといえば、「水」

が代表的ですね。常に動いていて、一つの場所に定まらない物には「海」や「川」が挙げられます。

儒教からくる5つの徳

儒教からきている精神論についてもお伝えしておきましょう。「五徳」と呼ばれ、人間が備えるべき5つの徳を「仁・礼・信・義・智」で示しているものです。

この「五徳」と、次に挙げる「5つの気質」は、本書でお伝えする五行の根っことなる部分ですから、よく覚えておいてくださいね。

「仁」は、思いやりや優しさ、我欲を抑えて相手を思う心を表します。「仁」が足りないと、相手を受け入れる度量が不足し、相手の気持ちを考慮したり気遣いしたりすることが不十分になります。逆に「仁」が多過ぎると、相手に対して強く出られなかったり、相手のことばかり考えて主体性がなくなったりするといわれます。

次に「礼」は、読んで字のごとく、他者への接し方や自分自身の在り方に礼儀や礼節があるかどうかを表します。「礼」には、社会生活を営むうえでの儀礼的な物事も含まれます。

「礼」がないと人間関係が円滑に回らなくなり、非常識やマナー知らずだと思われる可能性があります。逆に「礼」が多過ぎると、必要以上に儀礼的になり過ぎて、かえって周囲とのコミュニケーションがうまくいきません。

続いて「信」は、信用、信頼、正直さや誠実さを表します。人からの信頼はもちろん、自分自身に対する信頼、つまり自信の有無でもあります。「信」が少ないと、軸が定まらずフラフラとして、安定や落ち着きが感じられません。

逆に「信」が多過ぎると、信念が強過ぎる傾向に陥ります。「馬鹿正直」という言葉がありますが、正直過ぎて人にだまされたり、人から利用されたりするトラブルに巻き込まれるおそれもあります。

「信」は、多い少ないで良しあしを判断できるものではありません。しかし、極端にどちらかに偏るのは、あまり好ましくないかもしれません。

次の「義」は、正義や義理人情といった私利私欲とは反対の道義的、倫理的な心を指します。やるべきことをしっかりとこなす、堅実さも意味します。

しかし、「義」が強過ぎると、堅いイメージが先行して、相手から「とっつきにくい」「面倒くさい」といった印象を持たれかねません。かといって「義」が足りないと、損得で動く信用ならない人のように見られるかもしれません。

最後の「智」は、知恵や知識の智です。学び続ける探求心や豊富な知識を意味します。

正しい判断や洞察する力も表します。「智」は柔軟性をもってさまざまなことを学んで身につけるものです。「智」が少ないと頭が固く、頑固な人だと思われたり、共感されなかったり、理性的でないと思われてしまいます。

気質を五行に分ける

ここで、五行に使われる5つの文字「木・火・土・金・水」を改めて見てみましょう。これらの文字を見て連想し、思い浮かべるものがあるかと思います。それが、五行一つひとつの気質となって表れます。

「木」は、大きな木。しっかりと根を張り、すくすくと上へ向かって成長していく樹木です。その枝に広がった緑の葉は、人々を集めてゆっくりと休ませる役割を果たします。気質に例えると向上心や社交性です。

「火」は、赤々と燃える大きな炎、あるいは太陽です。熱く燃えてエネルギーを発揮したり、大地や人々などあらゆるものを照らしたりする力を持ちます。気質に例えると情熱や、周囲をリードする力強さとなります。

「土」は安定の大地。簡単には動かない頑固さもありながら、全てを包み込むおおらかな優しさも併せ持ちます。土には多くのものを守り育てる力があります。気質に例えると、芯の強さを表します。

「金」はキラキラした光で人を引き付けます。持ち前の華やかさで周囲を明るく楽しくさせる力があるのに、押し付けがましさは感じさせません。気質に例えると、調子のよさを感じさせることもありますが、いい意味で要領のよさと軽やかさがあります。

「水」は入れ物に合わせて形を変える柔軟性を持ちます。一つの形や考え方にとどまらない一方で、正しいと思ったら冷たく判断を下すクールな性質もあります。気質に例えると優柔不断さの裏に冷静さを持つ二面性かもしれません。

味や食べ物を5つに分けてみよう

ここまで、いろいろなものを５つに分けてきました。本項では、この本のテーマでもある「食事」に関係の深いものを五行に分けて、お伝えしていきたいと思います。

人の味覚の基本は４つといわれています。「甘味」「塩味」「酸味」「苦味」です。ここに「うま味」が加わって味覚五味となります。

「甘味」は糖分で、生きていくエネルギーになる味です。「塩味」はミネラル。神経系の働きに欠かせない味です。「うま味」は昆布やかつおぶしに含まれるアミノ酸からなり、体を構成するタンパク質の味です。

　ここまでの3つは、いわば「プラスの味」。その食べ物を肯定するような味です。一方、味覚には「マイナスの味」もあります。マイナスの味は、本来、危険を察知し、その食べ物を否定するために活用されます。

　マイナスの味に分類されるのが、「酸味」と「苦味」です。「酸味」は腐敗の味。つまり、その食べ物が腐っていないかどうかを確認するための味覚です。もう一つの「苦味」は、毒の味。それを食べても体に毒ではないかどうかを見極める味覚なのです。

　味覚五味で挙げた5つ以外にも、「辛味」「渋味」「えぐみ」など、味の種類はあります。しかし、厳密にいうと、学術的には「辛味」や「渋味」などは「味」ではなくて「刺激」に分類されるのだそうです。基本の味に含まれないのは、そのためなのかもしれませんね。

　では、五行を基準とする味にはどのようなものがあるのでしょうか。五行では、味は「酸味・苦味・甘味・辛味・塩味」の5つに分けられます。なお「塩味」は、本来は「鹹《かん》味《み》」といって、塩っぽいだけではなく、塩辛い、しょっぱくてピリピリするなどの味を含めるものですが、本書では「塩味」と表示します。

「辛味」は、先述したとおり、味覚の世界では味ではなく刺激に分類されるものですが、ここでは辛い味全般、ホットな味やスパイシーな味として取り扱います。

味が五行に分けられるのですから、もちろん食べ物（食材）も5つに分類できます。

「木」は芽吹く力を感じさせる、青菜などの葉物。緑色の食材はここです。酸味のある柑橘《かんきつ》系の果物や、調味料であれば酢なども、この

五行	木	火	土	金	水
身体	肝	心	脾	肺	腎
感覚	視覚	味覚	触覚	嗅覚	聴覚
感情	怒 （イライラ）	喜 （ワクワク）	思 （クヨクヨ）	悲・憂 （メソメソ）	恐・驚 （ドキドキ）
季節	春	夏	土用	秋	冬
色	青	赤	黄	白	黒
形	長方形	三角形	正方形	円	無形
徳	仁	礼	信	義	智
気質	向上心・社交的	情熱・力強さ	おおらか・芯の強さ	華やか・軽やか	優柔不断・冷静
味	酸味	苦味	甘味	辛味	塩味
食材	緑の野菜、酸味のある果物など	赤い野菜や果物、甲殻類、苦味のある山菜など	黄色の野菜や果物、牛肉など	白い野菜、薬味となる野菜、木の実、鶏肉、鴨肉など	黒い食材、魚、貝、海藻、塩気の強い漬物、豚肉など

図 1-1　五行と私たちの身の回りのものの関係

グループに入ります。

「火」は赤い食べ物。野菜であればトマトやニンジン、果物ならイチゴやスイカ、エビやカニなどの甲殻類も入ります。また、ニガウリ（ゴーヤ）やタケノコなどの苦味やえぐみのある野菜や山菜も、このグループです。

「土」は黄色い食材で、自然の甘味を感じられる、しっかりと大地に根ざした食材。サツマイモなどのイモ類に、トウモロコシ、バナナ。また、牛肉もこのグループです。

「金」は、薬味となる食材。ニンニクやショウガ、ネギなどです。木の実や大根、白菜など白い食材のほか、鶏肉や鴨肉もこのグループです。

「水」は、魚や貝など海の食材。昆布やワカメなどの海藻もこのグループです。また、黒豆やウナギなど黒色の食材や、漬物など塩気の強いもの、豚肉もこのグループに入ります。

4．開運食、見つけた！

食から見つけた大事なこと

あなたは、ビジネスなどで成功し、社会の第一線で活躍する、元気でバイタリティあふれる方々が、日々どのようなものを食べているかご存じですか？　忙しい毎日だから、ファストフードのように手軽に食べられるものが中心でしょうか？　それとも、健康を気遣い、いわゆる「簡素な和食」が多いのでしょうか？

私は幅広い世界で活躍・成功している方のお話を伺う機会があります。年齢や性別にかかわらず、彼・彼女たちの食事には共通点があります。それは、動物性のタンパク質をしっかり摂っているということです。

彼・彼女たちの食事は実に豪快。「あっさり」より「がっつり」という言葉が似合う食事メニューに驚かされることもしばしばです。「こういう食事をしているから、今の地位にいられるのだな」と納得させられます。

ところで、日本は世界に誇る長寿国ですよね。医療の水準が高いことも理由の一つですが、食べ物による恩恵が多いことも忘れてはなりません。

ただ、「和食＝体によい＝長寿」とは限りません。もちろん、和食は素晴らしい食事です。あっさりとした味付けや素材の美しさを生かした調理法など、健康にも見た目にも優れた食事として、海外でも人気です。２０１３年に和食がユネスコの無形文化遺産になったのは、記憶にも新しいことでしょう。

けれども、かつて、和食だけを食べていた時代の日本人は、決して長寿ではありませんでした。和食を食べていたにもかかわらず、です。その理由は、肉や魚などの動物性タンパク質や脂肪が足りておらず、栄養に偏りがあったからだといわれています。

近年になり、欧米風の食事が日本に入ってきてからは、これまでの純日本食をベースにしつつ、動物性のタンパク質や脂肪なども食事に取り入れられるようになりました。つまり、和食と欧米食の「いいところ取り」が実現したわけです。この新しい食習慣が、日本の長寿化を後押しした一つの理由になっていると考えられます。

歳を重ねても元気で生き生きと暮らしている方の食事は、先に挙げた社会的な成功者の方の食事と似通っている面があります。つまり、動物性のタンパク質をしっかり摂っているのです。

このように、長寿の方や第一線で活躍している方の食事に似ている点があるように、ある種の成功を手に入れている方の食事には、共通点があります。言い換えれば、食べるものには、仕事や人間関係など人の幸せの定義となるものを左右する力があり、そこには成功の法則があるということです。

食べる側が意識してそうした食事を選んできたわけではありません。ほとんどの方は、ごく自然に生活の一部として食事をしています。そして、そうして自然に選んだ、あるいは自分が食べたいと思って選んだ食事を続けてきた結果として、仕事上の立場が上がったり、人との関係性が良くなったりしたのです。初めから「食事が良い未来をもたらす」と知っていて、意図してそうしてきたわけではなく、食事の結果、自然にそうした状況が整っていったのです。

言い換えると、「食事と成功の法則」を本能的に知り、実行していたということです。もちろん、成功にはそれ以外の要素も必要不可欠ではありますが、「食べる」という行為が成功に多少なりとも関わっていたことは、紛れもない事実です。

これは「成功」だけでなく、「優しさ」「柔軟性」「機転」「根気」「自己主張」など、さまざまなスキルやテクニックにも応用できるものです。仕事や人間関係、毎日の日常が「うまくいく」ことを望む多くの方々に向けて、食べることを少しでも有効に活用してもらいたく、その法則を本書にまとめました。それが、「開運食」なのです。

これからは「運食同源」！

「医食同源」という言葉があります。元は中国の「薬食同源」からきており、後に日本人が言い換えた言葉ですが、今ではこちらのほうが一般的かもしれませんね。

薬食同源の「薬」は西洋医学の薬とは異なり、漢方薬のルーツとなるものです。

その昔、薬の材料は、自然界に存在している草や木の実、動物などでした。こうした薬の材料は、つまるところ「食べ物」です。薬も食べ物も源は同じものだったのです。

薬は病を治すためだけに使うわけではなく、体を作るものでもありました。「薬食同源」は、体を作るうえで薬も食事も同じような働きをするということを意味し、つまり、薬も食事もどちらもないがしろにすることなく大切に扱うように、という意味が込められていました。「薬膳」も、この考え方によるものです。

日本に入って来てから「医食同源」に言葉が変わりましたが、意味や伝えたいことは元の言葉と同じです。「医」も「食」も、体を作り、健康に保つために欠かせないものなのです。

さて、これをさらに少しだけ変えて、私は「運食同源」という言葉にしてみました。体を作る「薬・医」と「食」が同じ源からくるものなら、私たちが幸せになるための「運」も、

「食」と同じ源に探せるのではないでしょうか。

言葉には不思議な力があります。この新しい言葉を、あらゆる場面でたくさんの人に実践してもらいたいと願います。

食べることで今より少しでも楽しく過ごせるようになるのなら。今よりもっと思いを高く掲げて仕事ができるようになるのなら。

「運食同源」をキーワードに、みんなが幸せを手にすることができるように願いを込めて、開運食を紹介していきたいと思います。

健康の一つ先へ行くために

毎日の食事は健康な生活のため、と考える人も多いことでしょう。もちろん、健康は何よりも大事なことです。健康な体と心がなければ何も始まらないと、前項でもお伝えしました。

健康維持に欠かせないのは、栄養的にバランスの取れた食事です。厚生労働省は5年に1回、「日本人の食事摂取基準」という、国民が健康に暮らすために必要なエネルギーや栄養素の摂取基準量について発表しています。

学校給食、病院や介護施設などの食事では、この「日本人の食事摂取基準」をもとに献立が考えられています。また、食品メーカーや飲食業界が商品を開発する際には、この基準をもとに栄養バランスや商品のアピールポイントを考え、売り出そうとします。つまり、「日本人の食事摂取基準」は、これに従えば健康的な生活ができるという一つの指標なのです。

本書は、「ダイエット」「痩せる」「病気にならない」といったことを目的とするものではありません。「日本人の食事摂取基準」で推奨されるような食事を踏まえたうえで、「健康でいるための食事」の一歩先を目指します。

体によい食事を心がける。そこに「願いを叶える」「欲しいものを手に入れる」という目的をプラスしていく「食事術」を紹介していきましょう。

コラム

「ワカメを食べると髪がふさふさになる？」

　昔から、ワカメなどの海藻類は髪によいといわれてきました。でも実は、医学的にはワカメなどの海藻が髪の毛を増やすという根拠はないそうです。

　人の皮膚や髪の毛を健康に保つために必要な栄養素の一つにミネラルがあります。海藻には、このミネラルがとても豊富に含まれています。

　しかし、だからといって海藻ばかり食べても効果はありません。バランスよく食べることが何よりも大事です。人の細胞を成長させるために効果的なタンパク質に合わせて海藻を摂ると、ミネラルの働きが増すでしょう。

　五行的には、海藻は「水」の食材です。「水」のグループの色は黒です。実は、海藻も含めて黒い食材にはアンチエイジングの効果があるとされています。五行をベースにした薬膳でも、黒い食材は老化を防ぐといわれています。五行から考えても、白髪や薄毛などの髪の毛の悩みに海藻は効果がありそうです。

　長いこと語り継がれてきた説には、それなりに理由があるのですね。

第2章

朝昼晩「基本の3食」と「基本の食材」

1．今日から食べよう！　五行別おすすめの食材

第1章で、陰陽五行の観点から食べ物（食材）を5つのグループにざっくりと分けてみました。ざっくりと分けたのには、理由があります。食べ物（食材）をきっちりと5つに分けることは不可能だからです。

「トマト」を例にとって考えてみましょう。トマトは赤色なので、色で分けようとしたら「火」のグループになります。一方、形で分けようとすると、トマトの形状は丸いので「金」のグループになります。また、トマトはさっぱりとした独特の酸味を備えた野菜です。味で分けるならば「木」のグループに分類されることになります。

食材一つとってもこんなに複雑なのですから、食事のメニューとなると、さらに複雑です。いくつもの食材を合わせて調理し、さらにそこに数種類の調味料が加わるわけです。五行の一つのグループに収めようとするのは至難の業だと想像できるのではないでしょうか。

とはいえ、明確に分類できないとなると、開運食の効果にも不安を覚えるかもしれませんね。そこで本書では、さまざまな文献の解釈をもとにしながら、私が今日まで研究・考察してきたことを土台に、食材やメニューを5つのグループに分けることにします。

食材によっては、いくつかのグループをまたいでいるものもあります。また、第3章で挙げる献立では食材と調味料が重なり合い、該当するグループがいくつも挙がります。

でも、問題はありません。

大事なことは、５つのグループの食材や味をバランスよく摂ること。そのうえで、それぞれの五行が持っている特性を最大限に活用するメニューや食べ方を知ることです。一つの五行のものだけを食べるような偏った食事の仕方は、本書ではおすすめしません。

各食べ物（食材）が持つ特性は異なり、同じ食べ物（食材）を使ったメニューであっても、作り方や調味料によって五行のどの部分が作用するのかは異なります。また、第4章で詳しく説明しますが、「どこで食べるか」によっても、作用は変わってきます。

つまり、自分が欲しいものを手に入れるためには、何をどのように食べるのが効果的なのかを考えて食事をする必要があるのです。また、1日3回の食事における五行のバランスにも目を向けてください。

詳しい説明に入る前に、まずは食材を五行に分けてみましょう。図2-1から図2-5は、前章で説明したものを少しだけ詳しく分類したものです。自分が好きなもの・苦手なもの、よく食べるもの・ほとんど口にしないものなどを確認してみてください。自分は日頃からどの五行の食材をよく摂り、どの五行の食材を摂っていないのかが明確になると、そこから自分自身の強みと弱みが見えてくるかもしれません。

「木」の食材

「木」は春を表します。芽が出た植物や木々の枝葉がすくすくと伸びていく様子が特徴です。そのため、向上心が強く、少しでも上を目指そうという新鮮な志を持つことが多くあります。正しくあることを好み、周りにも同じことを求めます。

また、周りの人や組織に対して良くなってほしいという思いが強く、手を携えて一緒に上がっていこうとする面が特徴として挙げられ

野　菜	ホウレンソウ・小松菜・水菜・キャベツ・ブロッコリー・アスパラガス・キュウリ・ズッキーニ・菜の花・枝豆・そら豆・さやいんげん など
果　物	キウイ・メロン・マスカット・アボカド・レモン・オレンジ・グレープフルーツ・柑橘系全般　など
肉　類	馬肉　など
魚　介	アジ・サバ・イワシ・サンマ・青魚全般　など
穀　物	発芽米・インゲン豆　など
調味料	酢　など
その他	山菜　など

図 2-1　木の食材グループ

ます。

若く素直な気持ちが多くを占めるため、独りよがりになる傾向もありますが、それらは全て純粋さからくるものです。かつては誰もが持っていたけれど、時間と共に忘れてしまった、あるいはどこかに置いてきてしまった、そんな気持ちを良くも悪くも今でも忘れずに持っているのが五行の「木」の特徴です。

そんな「木」の食材は、春の芽吹きを表すもの。色は青や緑のもの、味は酸味が特徴のものが多く入ります。ホウレンソウや小松菜などの青菜全般が該当します。

春を告げる山菜、ふきのとうやタラの芽なども木のグループです。「新」がつく、ジャガイモやタマネギ、キャベツも木の食材です。

また、背が青く光る青魚や、酸味が特徴的な柑橘系の果物も木の食材グループに入ります。

「火」の食材

「火」は夏です。五行の火は、誰にも負けない情熱やエネルギー、バイタリティを示します。リーダーシップや自ら率先して動く実行力が特徴で、こうと決めたらまず行動。動きながら考えるのが火の特徴かもしれません。

瞬発力や行動力には定評がある五行の「火」ですが、長距離走は少し苦手かもしれません。誰も動こうとしないときでも、自分が率先して始めることを嫌がりません。ただ、いったんスタートしたら、後がどうなろうとあまり気にしないので、良くも悪くもマイペースなところがあります。

そんな「火」の食材は、暑さに強い苦味を持ったものや、情熱を表す赤い色のものが多く入ります。えぐみや渋味といった、少し敬遠

野　菜	トマト・ニンジン・パプリカ・ビーツ・赤カブ・ゴーヤ・シュンギク・クレソン・タケノコ・ウド・ゴボウ・レンコン・モロヘイヤ　など
果　物	イチゴ・スイカ・プラム・ドラゴンフルーツ・リンゴ　など
肉　類	羊肉・レバーなどのもつ　など
魚　介	マグロ・カツオ・ブリ・タイ・エビ・カニ・タコ・イクラ・鮭　など
穀　物	小豆・キビ　など
調味料	—
その他	山菜・根菜（苦味やアク・えぐみのあるもの）など

図 2-2　火の食材グループ

されがちな味も、このグループです。

色で表すと、赤い食材。トマト、パプリカ、ニンジン、イチゴやプラムも「火」に分類されます。パプリカは黄色や緑色もあるので、色だけで判断すると別のグループと考えることもできますが、苦味がある点を勘案して火のグループに入れましょう。

ゴーヤやシュンギク、クレソンなどは、色は緑色ですが苦味がある点を考慮して、火のグループと考えます。

魚介類では、マグロやカツオなど一般的に赤身魚とされるもの、エビやカニなどの甲殻類が火の仲間です。

「土」の食材

「土」は季節のつなぎ目（土用）を表します。

間を取り持ち、スムーズに次へとバトンを渡すためには、周りを見渡す広い視野と判断力に加えて、安定した力強さが必要になります。

浮ついたところがなく、簡単には動かず、目立ち過ぎることなく、しっかりと根を張っている。けれども周りに目配りでき、自分中心ではなく、常に周囲のことを視野に入れた言動ができるのが土の特長です。どんなときも慌てず騒がず、どっしりと構えているその姿は、近くにいるだけで安心感も与えられます。困ったときに相談したくなる頼りがいのある雰囲気を発しているかもしれません。優しいけれど甘やかすわけではない、時に厳しさも教えてくれる存在です。

そんな「土」の食材の特徴は、大地に根ざした点にあります。サツマイモやジャガイモをはじめとしたイモ類が多く含まれます。

土の色である黄色い食材の象徴ともいえるトウモロコシや栗、南国の果実で甘みの強いパイナップルやマ

野　菜	サツマイモ・ジャガイモ・カボチャ・ヤマトイモ・サトイモ・トウモロコシ　など
果　物	パイナップル・マンゴー・パパイヤ・ビワ・バナナ　など
肉　類	牛肉・卵の黄身　など
魚　介	ウニ・カズノコ・トビッコ　など
穀　物	玄米・アワ・トウモロコシ・パスタ・大豆　など
調味料	無精製の砂糖　など
その他	はちみつ・栗・ナッツ・ドライフルーツ　など

図 2-3　土の食材グループ

ンゴーなどもこのグループに入ります。砂糖やはちみつなど、生成されていない甘味の調味料も土のグループです。

「金」の食材

「金」は実りの秋を表します。キラキラと黄金色に実った田んぼの稲をはじめ、山では樫の木やクヌギなどがその実をたわわに実らせる季節でもあります。

金は豊かさが連想されるのか、五行の中でも最も魅力的に映ります。魅力的に映るその外見が中身を伴うのかどうかは別として、周囲のものを引き付けるだけの力を備えているので、常に周りを囲まれている印象があるでしょう。「金」のグループの人は、時に軽々しく感じる面もありますが、そこに悪意はなく、むしろ執着とは無縁のさっぱりとした潔さを感じることができます。

そんな「金」の特徴を持つ食材は、色で表すと白です。白菜や大根などの白い野菜、リンゴやナシ、ライチなど白い果物、魚介でいえばイカやタイ、カレイやヒラメなど白身魚。精製された小麦や、米のように白い穀物、同じく精製された砂糖や塩も金のグループです。

金のグループの食材は、辛味も特徴です。スパイス系や、薬味と呼ばれるショウガやニンニク、ニラなども「金」の食材であると考えてください。

「水」の食材

「水」は冬です。冷たい風に空気も凍える季節。五行の冬は冷静さが特徴です。クールな判断力、周囲を見渡して「何をどうしたら、今最善なのか」が読み取れる力を備えます。それは一見すると冷たく、冷酷で無慈悲な印象を受けるかもしれません。

しかし、その根底には何にも勝る情が隠されていることが往々にしてあります。そのことを表に出すことなく、淡々と与えられたことを確実に処理し

野　菜	白菜・大根・カブ・レンコン・タマネギ・ニラ・ニンニク・ショウガ　など
果　物	ナシ・リンゴ・ライチ・バナナ・木の実　など
肉　類	鶏肉・鴨肉・卵の白身　など
魚　介	イカ・カレイ・ヒラメ・フグ・タイ・白身の魚　など
穀　物	小麦・米・うどん・パン・ハト麦・白ゴマ　など
調味料	精製した砂糖・塩・コショウ・スパイス全般　など
その他	豆腐・乳製品　など

図 2-4　金の食材グループ

ていく力を、五行の水は持っています。

　反面、本心を表に出さないため、自分の立ち位置や意見について確固たるものを持たないことも多く、多勢に引っ張られがちです。そう、五行の「水」は、優柔不断で流されやすい一面も持ち合わせているのです。

　そんな「水」の食材は、色で表すと黒です。ゴマや黒豆、そばのほか、紫色のナスやブドウ、ブルーベリー、ワカメや昆布といった海藻類も「水」のグループです。

　また、塩辛いものや発酵食品もこのグループに入ります。味噌や漬物などが該当しますが、漬物に関しては味に応じて、塩味の水グループか、酸味の

野　菜	ナス・シイタケ・紫タマネギ・紫キャベツ・わらび・ゼンマイ・きくらげ・トリュフ　など
果　物	ブドウ・ブルーベリー・ナツメ・ドライフルーツ　など
肉　類	豚肉・いのしし肉　など
魚　介	ワカメ・昆布・海苔・ひじきなど海藻全般・ウナギ・アナゴ・イカスミ・キャビア　など
穀　物	黒豆・そば粉・黒米・カカオ豆・黒ゴマ　など
調味料	無精製の塩・味噌・醤《しょう》油《ゆ》・ブラックペッパー　など
その他	発酵食品・餡《あん》　など

図 2-5　水の食材グループ

木のグループに分けられます。

2. 朝ごはんは王様のように！ 今日の予定は何ですか？

朝ごはんは食べる派？ 食べない派？

欧米には「朝ごはんは王様のように食べなさい」という格言があります。その後、「昼ごはんは貴族のように」「夜ごはんは貧民のように」と続きます。

朝食の大切さを説いたものですが、日本でも、かつては「朝ごはんをしっかり食べないと授業に身が入らない」などといわれた時代がありました。小学校で、朝ごはんを食べてきたかどうか「朝食調査」を受けた世代の方もいるのではないでしょうか。

今でも農水省や厚労省をはじめ、食品メーカーや宅配・仕出し弁当業者などが定期的に朝食についての調査を実施しています。それによると、朝食を食べない、いわゆる「欠食率」は若い世代になればなるほど年々上がってきているとされます。

少し前の調査結果になりますが、平成30年「国民健康・栄養調査」(厚生労働省)によれば、10代の後半から朝食の欠食率は上がり始め、20代30代では群を抜いて高くなっています。

では、なぜ朝食を食べようとしないのでしょう？　１番の理由は「面倒くさい」から、そして「時間がない」、「食欲がない」と続きます。

あなたはいかがでしょうか？　面倒くさい、時間がない、食欲もないからといって朝食を抜きがちですか？

でも、朝食を抜くとデメリットが生じることはご存じですか？「疲れやすい」「集中力が続かない」という人は、朝食を食べていないことが原因だともいわれています。また、肥満や高血圧などの生活習慣病を引き起こす原因になるともいわれます。

逆に、朝食を食べると、私たちの身体にとってはものすごいプラスのエネルギーが生まれます。特に、１日中全力投球で働くビジネスパーソンにとって、朝食は必須の栄養です。

さらに、「朝食に何を食べるか」によって仕事の効率が倍増するとしたら、面倒くさい、時間がない、食欲がないなんて言っていられませんよね。

朝ごはんに食べたいもの

朝食は季節で表すと「春」に当たります。目覚めとデトックス（排出）のときでもあります。1日の始まりは体を目覚めさせる必要があるので、朝食では、活力をフルに使えるような栄養を摂取したいものです。

朝起きてすぐは、なんだか頭の働きが鈍く感じられますよね。これは、脳の働きに大切な血糖が足りていないためだとされます。

1日のうちで血糖が最も低いのは朝食前といわれています。私たちが寝ている間も脳は働いているため、血糖はどんどん消費されて、朝起きたときにその量が最低ランクになっているそうです。

血糖値を上げるためにはブドウ糖が必要なので、朝食にはブドウ糖が豊富な「炭水化物」が必須です。炭水化物には、パン・白米・玄米・シリアルなどが挙げられます。

また、朝の体に必要な体温も無視するわけにはいきません。人は寝ている間に下がった体温を目覚めに向けて上げていくことで、休息状態から活動状態へと体をシフトさせていきます。体温を上げるために必要なものは、「タンパク質」です。タンパク質は肉・魚・卵・豆（豆腐）や乳製品から摂ることをおすすめします。

さらに、朝食を抜くと肥満への近道になるといわれます。朝食を食べる人と食べない人とでは、肥満になる確率が2倍も差が出るという報告もあります。

その理由の一つが、「食物繊維」にあります。朝のごはんはデトックスと先述しましたが、食物繊維はデトックスにも関係の深い栄養素です。野菜や果物などから食物繊維をしっかり摂ることで、デトックスの面も支えていく必要があります。

朝食に必要な栄養素は、「ブドウ糖」、「タンパク質」、「食物繊維」。図2-6も参考にしながら、この3つをバランスよく取り入れるように工夫しましょう。

1日の予定から逆算して朝ごはんを選ぼう

朝食が仕事に好影響をもたらしてくれるのであれば、1日の

	炭水化物	タンパク質	食物繊維
木		イワシの丸干し・アジの干物	キャベツ・キウイ
火		たらこ・サケフレーク・かつおぶし	ニンジン・ゴボウ
土	はちみつ・シリアル・イモ	ローストビーフ・油揚げ・卵	ドライフルーツ
金	白米・パン・バナナ	豆腐・チキンフレーク・チーズ・ヨーグルト	
水		ウィンナー・ハム・納豆・	ワカメ・昆布・ひじき

図2-6　グループごとの朝食のおすすめ食材

始まりに、何を食べればよいのでしょうか？

まずは、朝起きたら（前日の夜でも構いません）、その日にどんな予定があるのかを考えることから始めてください。


「今日は1日外回り。寒い中を出かけるのはおっくうだ」

「午後に大事な会議が控えている。上司から何か言われそうで、気が重いなあ……」

「仕事後に、楽しみにしていたライブに行く！　夕方までに作業を終わらせたい」


時には前日の晩に飲み過ぎてしまい、「二日酔いで食欲がない」といった朝もあるでしょう。

それでもまずは1日の予定を思い浮かべて、特に大事な用件や気合の入った案件、緊張しそうな場面など、あなたにとってその日1番の要になる予定に焦点を当ててほしいのです。そして、その予定に必要な五行から食材を探し出して、朝食の献立を考えるのです。

ここで、プロローグで登場した山本洋一さんのある1日の予定を、次ページで例に取り上げましょう。

　この日の山本さんの予定のうち、最も大事なものが得意先への謝罪案件でした。相手に失礼がないように、礼儀と誠実さをアピールすることが何よりも大切になってきます。

　さらに、その場を上手に切り抜けられるかどうかが、次の予定である新規開拓のモチベーションを左右しそうです。

　そこで、第1章で紹介した「五行の徳」を参

〔山本さんの１日〕

9 時　営業部の定例会議。
11 時　部下のミスが発覚し、得意先に謝罪に向かう。
13 時　部下を同行させて新規開拓へ。
16 時　帰社して部下が作成した報告書をチェックする。

〔おすすめの朝食メニュー〕

・イチゴのフルーツサンドイッチ
・トマトとチーズのサラダに、シーザードレッシング
・牛乳を入れたスープ

考に、この状況に当てはまる五行を選びます。この場合、「礼」をつかさどる「火」と、「義」をつかさどる「金」の2つに当てはまる食材を朝食で摂り、その日の予定に合わせた精神状態を整えていくのです。

図2-2（60ページ）より、「火」の食材であるイチゴとトマトを取り入れます。また、図2-4（64ページ）より、「金」の食材である牛乳とシーザードレッシングを加えることで、今日の予定に合わせた最強の朝食が完成します。フルーツサンドに生クリームが入っていると、さらに効果倍増です。

もしかすると、この朝食メニューを見て「朝からこんな豪華な食事、作れるわけがない」、「自分には無理！」と思ってしまう方もいるかもしれません。でも、安心してください。全てを手作りする必要はありません。フルーツサンドはコンビニでも調達可能。また、冷蔵庫にプチトマトを常備しておけば、切ったり焼いたりする調理の手間もなく、洗うだけで食べられます。

さらに、各五行には、それぞれ表す形があります（45ページ図1-1参照）。火を表わす形は三角形ですから、チーズを三角形に切れば、なお効果的です。もちろん、もともと三角形で売られている6Pチーズを活用してもいいですし、薄いスライスチーズを対角線で折れば三角形のできあがり。

スープも、インスタントのカップスープで十分です。顆粒状のコーンスープにお湯だけでなく牛乳を足すことで、「金」の要素を手軽に加えることができます。いかがでしょうか？ 意外と簡単なはず。無理なく気軽に始められることも大事です。

3．昼ごはんは貴族のように!? 昼食は１日の要です

ランチをお腹いっぱい食べると、なんだか午後は眠くて仕方がない……。こんな経験はありませんか？ 実はこれ、食後に急激に血糖値が上がり、その後下がるという変化によって起こる「血糖値スパイク」と呼ばれるものが原因です。

血糖値を上げる食べ物といえば炭水化物ですが、昼食はどうしても炭水化物中心のメニューに偏ることが多く、血糖値スパイクを起こしがちです。血糖値スパイクは体への負担はもちろん、何より午後の仕事の効率をガクンと落とします。

昼食は、季節でいうと「夏」です。力がみなぎり、エネルギーの消費が増えます。摂取したものを消化して吸収、そしてエネルギーとして代謝するのが昼食です。

この仕組みを最大限に生かし、なおかつ血糖値スパイクのようなマイナス要素をできるだけ減らしたいところです。貴族のように優雅でありながらも、食事をしっかり実のある

ものにするためには、何をどう食べたらよいのでしょうか。

オフィスで食べる昼ごはん

働く人のための情報サイトや大人のためのウェブマガジンでは、ビジネスパーソンが昼ごはんに何を食べているのかを調査した「ランチメニューランキング」を発表することがあります。ＮＨＫの人気番組「サラメシ」でも、ビジネスパーソンが普段どんな昼ごはんを食べているのか放送されています。

どこの調査でも1位に挙がるのは「麺類」です。うどん、そば、ラーメン、パスタなどが代表的ですね。

ビジネスパーソンがお昼ごはんに麺類を選ぶ理由は「安い」「早い」、そして「簡単に食べられる」です。確かに、麺類は出てくるのも早ければ、値段もそれほど高くないものが多く、何よりサッと食べることができるので、昼食の時間が限られているビジネスパーソンにとっては、ありがたいメニューです。

一口に「麺類」といっても、とにかく種類が豊富で、トッピングやスープの味を変えれば毎日食べても飽きないところも魅力の一つでしょう。

一見すると、いいことだらけのように見える麺類。しかし、麺は炭水化物です。麺類中心の食事はどうしても炭水化物の摂り過ぎになりやすく、眠気を引き起こす原因になります。

また、消化に時間がかかるので、満腹感が長く続き、胸やけを感じることもあるでしょう。さらに、汁物でもあるラーメンなどは、スープを飲むことで塩分過多にも注意が必要です。

五行的にも、麺類は偏りがち。そば粉以外の麺類は、ほぼ全て小麦粉が原料です。小麦粉は「土」と「金」の要素を多く持つため、じっくりと腰を据えて考えるなど、内に向けて進めるには向いている食材です。

さて、プロローグで登場した中村さん。彼はそばやうどんなどの麺類が大好きで、お昼ご飯を外食するときはもっぱら麺類ばかり食べています。でも、今日は午後にクライアントに向けたプレゼンテーションが控えています。相手に好印象を与えたいところです。また、プレゼンの後も大量の仕事が残っているので効率よく動かなければなりません。

そんな日は、麺類にひと工夫が必要です。「木」や「火」の食材を取り入れるのです。例えば、そばやうどんのトッピングに「紅ショウガ天」や「シュンギク天」を選びましょう。春ならば「三つ葉」や「セリ」などの青いものを加えるのもおすすめです。

ラーメンなら、「酸辣湯《サンラータン》」のように赤くて酸味のあるスープを選んだり、この頃よく見かけるようになった「トマトラーメン」を食べたりするのもおすすめです。麺にトマトを練り込んでいるものから、スープや具にトマトを使っているものまで、以前はあまり見なかった新しい感覚のラーメンですが、案外人気のようです。

こういった「木」や「火」の五行のものを加えることで、麺だけでは偏ってしまう五行のバランスを整えることができるのです。午後の仕事に対する効果はもちろんのこと、栄養的にも炭水化物だけ摂ることを避けられるので、健康にも一役買うことができます。

ビジネスパーソンの昼食として2番目に人気なのが、「和定食」です。おかずとごはんに分けて食べることのできる定食は、消化に負担がかからないため、午後の仕事に差し支えることがなく昼食にはおすすめです。

時間が許すのであれば、ごはんと汁物に加えて、小鉢がいくつかついてくるような定食メニューがおすすめです。メインのおかずを変えることで、五行のバランスも取りやすくなります。

白いごはんは炭水化物。そこに、おかずでタンパク質を摂ります。このタンパク質は、動物性のものだけでなく植物性のもの、例えば豆腐・豆といったものも併せて摂れると、なおよいでしょう。小鉢で青い色のものがあれば言うことなし。最強です。

ただし、一つだけ気をつけてほしいことがあります。和定食は栄養面でも五行の面でもバランスがよい一方で、おかずの味が濃かったり、塩味の強い漬物がついてきたりすることが多く、ごはんが進みます。何杯もお代わりできてしまうことで、白いごはんを２膳、３膳と食べてしまっては、せっかくの和定食のよさが半減してしまいます。

そこで例えば、定食のごはんを麦飯や玄米、五穀米のような色のついたものに代えてみてはいかがでしょうか。玄米などはよくかまなくてはならないため、満足感が上がり、代謝を促す食物繊維も摂れて一石二鳥です。

和定食は何を選んだとしても、もうそれだけで五行のバランスが取れているものが多いものです。「おかずに何を選ぶか」については次章で詳しく紹介していきますが、ぜひ、ごはんにも着目してみてくださいね。

お弁当は五行の味方

新型コロナウイルス感染症が蔓延《まんえん》したとき、飲食店が軒並みシャッターを下ろして休業を余儀なくされたのは、まだ記憶に新しいことでしょう。コロナ禍を機に、昼食はお弁当持参になったという方も多いと思います。

現在、昼食にお弁当を持参するビジネスパーソンの割合は３割から４割を占めるといわれています。職種によっては昼食時に手作りのお弁当を持参するのは難しいかもしれませんが、五行の観点から見ると、お弁当はかなり効果の高い昼食なのです。

お弁当を持参する理由の一つは「節約」です。外食はもちろん、コンビニでおにぎりやサンドイッチを買うにしても、毎日のこととなるとお財布はかなり圧迫されます。昨夜のおかずの残りや、普段から家にある食材に少しだけ手を加えてお弁当箱に詰めて持参すれば、経済的にはかなり節約になるものです。

また、お弁当を持参する理由の一つとして、「栄養面」も挙げられます。外食やコンビニのお弁当などが続くと、どうしても栄養が偏ってしまいがちです。お弁当であれば、自分に必要な栄養を上手に摂ることができます。

本書でお弁当持参をすすめるには理由があります。朝食同様に、その日の予定に合わせておすすめの五行の食材を取り入れることができるからです。例えば、卵焼き、ウィンナー、ブロッコリー、プチトマトなどは、お弁当の定番ですよね。唐揚げ、焼き鮭、漬物、佃煮などのおかずのほか、ごはんの上におかかやふりかけ、梅干し、海苔などを載せることもできます。

そう、お分かりいただけますか？　これらのおかずにごはんを加えたら、五行に必要な五色が全てそろうのです。

お弁当は五行のバランスが整えやすく、さらに自分の予定に合わせて取り入れたい五行のおかずを少し多めに入れるなどの調整もしやすいのが特徴です。

さらにお弁当には、中身だけでなく外側、つまりお弁当箱からも五行の効果を得ることができます。45ページで紹介した図1-1のとおり、形や素材、色にも五行があります。四角いアルマイトのお弁当箱（金属）、楕円形の曲げわっぱ（木製）などのほか、ラップやホイルなどで自在に形を変えることもできます。

お弁当を持参することは、節約や栄養の面でメリットがあるだけでなく、五行の面でも優れている昼食となり、あなたの仕事にも一役も二役も買ってくれることになるのです。

在宅勤務のときの昼食は？

在宅でリモートワークをするとき昼食はどうしていますか。時間や気持ちに余裕があれば、自炊する方もいるかもしれません。前日の残り物を食べたり、コンビニで調達したりする日もあるでしょう。もしくは、冷凍食品を電子レンジで温めて食べる、いわゆる「冷食」を活用するケースもあるのではないでしょうか。また、在宅勤務が普及したことにより増えたのが、デリバリーです。

在宅勤務の場合、時間の流れがどうしても単調になりがちなうえ、オンとオフの切り替えが難しいというデメリットがあります。そのため、出社するとき以上に昼食を活用することで、そういったマイナス面も併せて解決していく必要があります。

例えば、オンライン会議が続く1日であれば、常にモニター越しに見られていることで体が緊張します。そのせいで肩がこったり、腰が痛くなったりするなどして何となく体がだるくなることもあるでしょう。当然、そうした不調は仕事のパフォーマンスにも支障をきたすようになります。

そんなときには、キビキビとした印象、元気で闊達《かったつ》な印象を与えられるような昼食を選びたいものです。例えば、エネルギーを感じさせる「火」の食材であるトマトや、フレッシュな印象を与える「木」の食材であるキャベツなどの野菜を中心にしたパスタがおすすめです。「金」の食材であるスパイシーな味付けにしたり、トマトを生かしたさっぱりとした酸味で整えたりするのもよいでしょう。

ただし、どっしりとした印象を与える「土」の五行を上げる糖質・炭水化物は控えめに。パスタの量は少なくし、その分野菜でボリュームを出しましょう。在宅勤務の場合は通勤によるエネルギー消費もないため、カロリー控えめでも問題ありません。

自炊する余裕がないときは、コンビニなどで豚肉とピーマンなどの野菜を塩味で炒めた「肉野菜炒め」などを買ってきてはいかがでしょうか。この場合も炭水化物は摂り過ぎないように、お弁当ではなくおにぎりを一つだけ、などと工夫してください。

昼食で大事なことは、「食べ過ぎない」と「しっかり栄養を摂る」ことに加えて、午後の予定を思い浮かべながら、「仕事にどのような影響を与えたいか」を考えて選ぶことです。

時間に追われ、なおかつ財布の中身とも相談しながらのビジネスパーソンの昼食は、なかなか思いどおりにはいかないもの。それでも先に載せた図２-１から図２-５を参考に、五行をほんの少し意識して取り入れてみると、それだけで昼食の景色が変わってくるはずです。

4．夜ごはんは質素であるべし

家で食べる夜ごはん

夕食は、季節でいうと秋から冬に当たります。食べたものをしっかりと吸収して、次にくる春（朝）のために蓄積する役割があります。食べる量はもちろん、食べる時間にも気をつけないと、きちんと消化されないうえに、大切な休息である睡眠の邪魔をするおそれもあります。

夕食から就寝までの時間が短ければ短いほど、消化で体には負担がかかるといわれています。それはそのまま睡眠の質を落とすことになるので、体はもちろん、翌日の仕事にも支障をきたします。そのため、夕食は「何時に食べるか」にも気を配ってください。

夕食は、その日の最後の食事です。朝食、昼食とバランスよく食事できていたのであれば、夕食は好きなものを好きなように食べる、というのもアリでしょう。ただし、量を好きなだけ、ではないので気をつけてください。

五行のバランスを考えたときに大事になるのが「今日は何を頑張り、明日は何をするのか」という視点です。次に挙げるのは、プロローグで登場した長谷川実可子さんの1日の仕事の振り返りです。

①他部署から依頼を受けて備品を発注した。
②たまっている伝票処理をする作業が続いた。
③毎日のルーティン業務はいつもどおりにこなした。
④昼食は時間がなかったため、コンビニで買ったサンドイッチとコーヒーで簡単に。
⑤明日も伝票処理の続きをしなくてはならない。

こうしてみると、今日は細かい作業が続いたようですね。それなのに昼食をしっかり食べられず、エネルギー不足もありそうです。伝票処理などで数字を見たうえに、明日もその続きがあるため、夕食には五行の「土」と「水」をしっかり摂りたいものです。

おすすめのメニューは、牛肉のソテーにコーンスープ。和の食事のほうが好みであれば、甘めに味付けした肉じゃがに白いごはんでもよいでしょう。秋ならば、甘味のあるサツマイモや栗の炊き込みごはんなども、こんな日の夕食にはおすすめです。

帰宅後に調理をする余裕はないかもしれません。休みの日に作り置きしておいたり、飲食店のテイクアウト、スーパーやコンビニのお惣菜や冷凍食品でもそろえることができるので、上手に活用してください。

夕食にバランスを整えることで、その日1日の仕事と明日の仕事に向き合うための心と体のフォローアップが叶います。

外食する日はどうする？

ビジネスパーソンであれば、仕事後に仲間と誘い合って飲んで帰るような日もあると思います。プロローグで登場した田代さんも、今日は学生時代の友人たち

と新しくできたイタリアンのお店に行く約束です。気の置けない友人との外食はリフレッシュ効果も高く、1日の疲れを癒やし、明日からまた仕事を頑張る活力となってくれることでしょう。

気をつけたいことは、自宅で食べる夕食と同じです。今日1日の振り返りをしながら朝食と昼食に足りなかったものを夕食で選ぶようにしましょう。ここでは、83ページで紹介したような細かい作業が続いた1日に外食するケースで考えてみましょう。

メインとなるメニューを選べるのであれば、牛肉のたたきや豚肉のローストなど「土」と「水」の食材を使ったものを選択してください。「水」のグループに入る魚介では、貝類もおすすめです。

アサリのバター炒めや甘く煮た貝類など、良質なタンパク質をしっかり摂りたいところです。また、カボチャの煮物やバターコーンのように甘味のあるメニューを添えると、その日の疲れが回復し、明日への活力につながるでしょう。

お酒の席でありがちな「シメの炭水化物」はできれば控えたいものですが、どうしても食べたいときは、うどんよりはそば、ごはんものであれば玄米がおすすめです。

また、一人暮らしをしていれば「今夜はどこかで何か食べて帰ろうかな」と考えることもあるのではないでしょうか。そんなときにおすすめしたいのは、定食屋です。メインになるおかずと白いごはんに汁物、そこに小鉢がついたりすれば、栄養面でも五行の観点からもバランスが取りやすいからです。

選ぶメニューは、家ごはんと同様に、朝食と昼食、そして1日の仕事内容を振り返って考えましょう。夕食で「土」と「水」の五行を摂りたい場合は、「豚の生姜焼き」や「ブリの照り焼き」など、甘くしっかりした味付けのおかずを選ぶとよいでしょう。

町中華、いわゆる昔ながらのラーメン店や、ファストフード系の丼もののお店も食べるときは、炭水化物の摂り過ぎに注意してください。いくら「土」を多く摂りたいからといって、ラーメンライス、

焼きそば＋チャーハンのような食事は、翌日の頭の働きが鈍くなってしまいます。牛丼店でごはんだけ大盛りにするようなことも、おすすめできません。

では、何を食べればよいのでしょうか？　おすすめしたいのが、ラーメンにチャーシューをプラスしたチャーシュー麺や、かに玉をのせた天津麺などです。牛丼店であれば、チーズや卵をトッピングするとよいでしょう。つまり、ごはんや麺ではなく、上に載せる具を増やすのです。

一人での外食は、どうしても簡単に食べられるものに流れがちです。でも、簡単な食事は五行はもちろん、栄養的にも偏りがちになるので気をつけたいですね。

5．甘いものは別腹？　意外と大事な間食

デザートだって五行

ちょっと本題からそれますが、「デザート」の語源は「片付け」にあります。フランス語の「デセール」には食後にテーブルや皿などを片付けるという意味があり、その言葉がそのまま食後に食べるものを指すようになったといわれています。

デザートは食事が終わった後に楽しむものであり、必ずしも甘いものばかりではないようです。メインでは出されないような素材や味を楽しむ意味もあり、特にフランス料理のコースではデザートとしてチーズを楽しむ習慣があります。

毎日の食事は、たいていの場合、朝昼夕の3回です。ここに間食もプラスすると、開運食を取り入れるチャンスは4回になります。

デザートは、食事のメニューだけでは足りない糖分を食後に甘いものを摂ることで補い、満足感を得ることが目的の一つだといわれています。糖分は五行では「土」になります。「土」を取り入れたいときには、食後の甘いものも活用できるということですね。

例えばアイスクリームは、甘味の「土」と乳製品の「金」を併せ持つ食べ物です。つまり、アイスクリームを食べることで、それぞれの五行の特性である「倫理」「誠実」「信頼」といった部分を上げることができるわけです。

チョコレート味のアイスクリームであれば、五行の「水」が加わることになるので、さらに「正しい判断」「知性」「理性」といった面のアップも期待できます。イチゴアイスなら、「火」の五行ですから、「礼節」「情熱」「行動力」が加わります。

こんなふうに書くと、「では、バニラアイスと、チョコレートアイスと、イチゴアイスの全種類を食べたらよいのでは？」と思うかもしれません。それは、理論的にはオールマイティかもしれませんが、あまり欲張らず、今欲しいものだけをプラスしていくことをおすすめしています。あれもこれもと求め過ぎると、結局どれも中途半端になってしまうからです。

デザートのメリットは、ピンポイントで自分が欲しい五行を取り入れられること。全部の味のアイスクリームを食べる必要はないのです。

お茶休憩のときにも

第1章で「3時のおやつ」について説明をしました。1日の食事の回数が2回だった頃に、次の食事までの時間が長くお腹がすいてしまうので、午後3時に間食をする習慣があり、それが「おやつ」だったと述べました。

その後、1日3食が一般的になった今でも、3時に休憩を取る習慣は残っています。職人さんや、朝早くから仕事を始める人たちは、3時だけでなく10時にも休憩を取ることがありますよね。どちらの休憩時も、仕事の手を止めて、お茶を飲んだりお菓子を軽く食べたりして、リフレッシュして過ごすことが多いと思います。

人間の集中力には限界があるので、作業を始めてから時間がたてばたつほど、体も脳も疲れてきます。そのために、だいたい2時間ごとに休憩を取ることが推奨されているようです。

休憩時には脳の回復のために甘いものを食べても構いませんが、せっかくなので五行的に何が効果的かを考えてみましょう。

甘いものは、五行で分けると「土」のグループです。夕方から大事な会議でプレゼンをするといった予定があるときは、その前に甘いものをチャージしておきましょう。粒餡を使った小さめのお饅頭《まんじゅう》などがよいかもしれません。

自分が率先して動く必要があるときは、同じ甘いものでも、やや火の傾向を持つ、カカオ含有量が多い苦味の強いチョコレートがおすすめです。白いチョコレート（ホワイトチョコ）は肩の力が抜けるので、休憩の後に緊張する業務が待っているときに食べておくと、気持ちが楽になること間違いなしです。

夜食の役割

夕食を済ませた後、布団に入るまでの間に長く時間があくこともあるでしょう。お腹が空いて眠れない、という状態にならないために、夜食を食べる人もいるのではないでしょうか。

夜食におすすめなのは、消化に負担をかけないものです。おかゆやうどんは胃に負担がかかりにくく、夜食にはぴったりの食材です。

また、良質な睡眠のためには「トリプトファン」が有効だという話を聞いたことはありますか？　トリプトファンとは牛乳やチーズなどの乳製品に含まれる成分で、摂取することで睡眠に必要なホルモンを生成するといわれています。寝る前にホットミルクを飲むといいといわれるのはそのためですね。

おかゆやうどんもそうですが、寝る前に軽くお腹を満たすには白い食材、つまり五行では「金」の食材がおすすめです。ただし、「金」の中でもスパイシーなものはやめておきましょう。消化に負担がかかるだけでなく、刺激は睡眠の邪魔になるからです。

体を温めるという点においては「土」の食材もよいのですが、カロリー面での負荷が大きくかかりそうなので、ここでは避けておきます。

夜食は毎日の生活に必須の食事ではありません。けれども、睡眠時の体の状態を整え、翌朝に気持ちよく目覚めるためには、うまく活用してもよいでしょう。

6. お酒の時間

楽しむお酒

お酒は昔から「百薬の長」と呼ばれてきました。この言葉はお酒好きな人にはお酒を飲むことを正当化できる大変便利な言葉として重宝されてきました。確かに適量のお酒は代謝を上げたり、気持ちをリラックスさせたりと、良い面もたくさんあります。

けれども、この言葉には続きがあるのをご存じですか？「百薬の長であるとともに、万病のもとである」ともいうのです。「適量は薬されど過ぎれば毒」という言葉もあります。お酒は飲み方によって、体にプラスの効果を与えてくれる反面、時によっては全く逆の効果になってしまうということです。

お酒は、アルコールの効果で「酔う」ことだけを目的とするのではなく、食事や時間を「楽しむ」ためのツールとして適量を飲むようにすれば、体にも心にもお酒のプラス面を取り入れることができるということを心に留めておいてください。

五行とお酒

本書では、「食事や時間を楽しむ」に加えて、「仕事にプラスになる」飲み方をお伝えしていきたいと思います。

お酒を五行に分けるときには、「何から造られているのか」で判断していきます。日本酒であればお米、ワインであればブドウ、ビールは麦とホップですね。発泡酒や第３のビールなどと呼ばれるものになると、その原料は実にさまざまになります。

一般的に知られている焼酎の材料は芋、米、麦、黒糖でしょうか。中には、柿や栗などの果実や、珍しいところでは牛乳やピーマンなどを原料としているものもあります。それぞれの材料が五行でどのグループに入り、どんな働きをするのかは、他の食材と同じです。

テキーラやブランデーは「木」のグループです。テキーラは「リュウゼツラン」（別名ブルーアガペ）という植物の茎から造られるといわれています。使う部位や造り方については諸説あるので、ここではあまり気にせずに、リュウゼツランといわれる植物を使うということだけ覚えておいてください。

ブランデーはリンゴやブドウが原料となることが多いので、「木」のグループ。どちらもアルコール度の高い、少し強いお酒かもしれません。であれば、ほんの少量楽しむことで、向上心や社交性を強化することができそうですね。

ビールはクラフトビールや第3のビールなど、原料の種類が多いのでいろいろな効果がありますが、ビールの味に欠かせない苦味のホップを例に挙げると「火」のグループに入るので、エネルギーやバイタリティがアップします。

日本酒はどうでしょう？　お米から造られる日本酒は「金」のグループです。日本酒を飲むことで「どのような場面でも自分なりに楽しんで無理なくこなすこと」が実現します。

焼酎も材料が多いのですが、芋であれば「土」のグループ。安定して堅実に業務をこなすことができます。黒糖であれば「水」のグループ。冷静沈着な判断が業務にいかされるでしょう。

このように、五行の働きを活用したいときには、まずそのお酒の原料が何であるかを確認してみてください。もちろん、その次にアルコールの度数もしっかりと確認して、くれぐれも許容量を超えないように楽しんでくださいね。

さらに言えば、お酒は、造られる過程に「発酵」や「蒸留」があり、こちらも五行が関わってきます。こうした過程も考えると、お酒は総じて「水」の特徴を持つことになります。活用するときには原材料の五行に製造過程の五行を併せていきましょう。

また、最近ではノンアルコール飲料も数多く登場しています。元になるアルコール飲料を模して造られていることが多く、造り方や材料も元になるアルコールと共通しているものがたくさんあります。お酒が得意ではない方は、ぜひノンアルコール飲料で取り入れてみてください。

もうひとつ。お酒の席で相手が何を飲んでいるのか、を観察するのもよいでしょう。なぜなら、五行の観点から相手の状況や仕事ぶりなどをうかがい知ることができるからです。そういったことも日々の仕事に生かせるのが五行の醍醐味《だいごみ》でもあるのです。

コラム

「朝のお茶がおいしい日はいい天気？」

昔から「朝に飲むお茶がおいしい日は晴天」といわれていますが、これには理由があります。いわゆる「晴天」とは、カラリとしていて湿度が低く、やや乾燥気味の日を指します。そのため喉が渇き、朝に飲む１杯のお茶がとてもおいしく感じられるというわけです。

また、朝のお茶にはもう一つ言い伝えがあります。「朝茶は３里戻っても飲め」というものです。朝にお茶を飲むことで、その日１日の災難をよけることができ、さらには福を呼び込むことができる。だから、もしお茶を飲み忘れたら戻ってでも飲みなさい、ということを説くものです。３里は今でいうと12kmほどですから、戻るのはなかなか大変な距離です。忘れずに飲みたいものですね。

ここで挙げた「お茶」とは緑茶のこと。五行では、物事の始まりを表す「木」のグループに入ります。１日の始まりには緑茶は欠かせないものなのですね。

案外、「朝に１杯のお茶を大切に飲む」という心と時間の余裕を持つことが、福を呼び込む秘訣なのかもしれません。

第3章

仕事のスキルアップを叶える開運食

1．仕事に必須の3つのスキル

ビジネスパーソンにとって、仕事をしていくうえで身につけたいスキルや能力は職種や業種によっても異なり、挙げていったらきりがないことでしょう。そんな数あるスキルの中で、職種・業種にかかわらずに必要とされるものがあります。

１９５０年代にハーバード大学教授ロバート・カッツ氏は、マネジャーに求められる能力を「テクニカルスキル」「ヒューマンスキル」「コンセプチュアルスキル」の3つに整理して提唱しました。本来はマネジメントについての考え方でしたが、組織の中で活躍するために、管理職のみならず全てのビジネスパーソンに求められる内容だといえます。

①テクニカルスキル

業務に必要な知識や技術に加え、与えられた仕事を確実に遂行することもテクニカルスキルに当たります。

例えばアパレル販売職であれば、接客マナーなどのほか、電話応対や事務機器の操作などのビジネスパーソンとしての基本的なスキルに始まり、自社製品の特長や素材に関する知識、さらにその知識を他のスタッフより深く身につけて差別化できるようにすることなどです。

テクニカルスキルは、仕事をする以上は必ず身につけたいスキルです。ここをなおざりにするとステップアップできないどころか、気がつくと周囲から取り残されてしまうなど、現状維持さえ危うくなる大事な部分です。

②ヒューマンスキル

業種・業界にかかわらず、一人で仕事を進めることはできません。個人事業主であったとしても、誰とも全く関わらずに仕事をすることはほぼ不可能でしょう。顧客、上司、部下、同僚など、仕事をする上で関わりを持つ人たちと良好な関係性を築き、信頼関係の構築に寄与するスキルがヒューマンスキルです。

ヒアリング力やネゴシエーション（折衝）力などは、仕事だけでなく、プライベートの場合でも求められるスキルかもしれません。

③コンセプチュアルスキル

コンセプチュアルとは「概念的」と訳され、簡単にいうと「物事の本質を捉える力」と解釈することができます。

多面的な視野、柔軟性のある思考、さらに探求心や好奇心、応用力に論理性などが挙げられます。コンセプチュアルスキルについて挙げていくと、きりがありません。ワンランク上の、あるいは上を目指すためのスキルだと考えてください。

本章では、カッツ氏の唱えたこの3つのスキルをもとに、ビジネスパーソンが抱えがちな悩みを解決する方法として100の開運食を紹介していきます。

今より高みを目指すのであれば目標を達成するために、現状維持を心がけるのであれば、常にベストの状態をキープするために、毎日の食事をうまく活用して、あなたの望む「成功」を手に入れてください。

2．テクニカルスキルをアップする

ノルマを達成する〔青椒肉絲《チンジャオロース》〕

「ノルマ」は「こなすべき作業の量」を意味します。営業に限らずどんな職種にもノルマがあり、それは売り上げなどの数字だけを指すとは限りません。

組織には目指すゴールがあり、それを達成するために部課や個人に数値目標や行動目標が設定されますよね。こうした一つひとつを達成できて初めて大きな成果に結び付くのです。

ノルマ達成につながるのは、一見地味に思えるような日々のルーティン業務であることがしばしばです。もしかすると刺激に欠け、面白みはあまり感じられないかもしれません。ですが、日々の小さな頑張りが積もり積もって個人の成果となり、それが組織の大きな成果につながるのです。

ここではノルマをしっかりこなすための開運食として、「青椒肉絲」を紹介しましょう。青椒肉絲は、ピーマンやタ

ケノコなどの野菜と牛肉を炒めたものです。中華定食として定番メニューですね。ピーマンとタケノコは「火」、牛肉は「土」のグループです。

ルーティンワークにもしっかりと向き合える「土」の食材。だらだらと仕事に向き合うのではなく、どんな仕事であっても常に気持ちを込めて丁寧に対応できるためには「火」の食材を取り入れましょう。赤や黄色のパプリカは彩りよく仕上がるのですが、苦味が抑えられると「火」の力も弱まってしまうので、緑色のピーマンを使うことをおすすめします。

その他のおすすめメニュー

ピーマンの肉詰め、ゴーヤと牛肉のソテーなど

大事な商談を成功させる〔カボチャのポタージュスープ〕

商談には、社運がかかったものから軽い世間話程度のものまでいろいろありますよね。中でも、自分が責任者であったり、扱う数字が大きかったりすると、気が抜けず、緊張から食欲も落ちるかもしれません。

実は、優秀なビジネスパーソンほど、大きな仕事に向かう前にはしっかりと食事をするといいます。「空腹の方が勘がさえわたる」という説もありますが、「腹が減っては戦は

できぬ」という古くからの言葉もあり、血糖値の急上昇に留意しつつ、消化のよいものをしっかりとお腹に入れ、エネルギーを満タンにして臨みたいものです。

商談に必要なものは、相手に手の内を読まれないような自信がみなぎる堂々とした振舞いです。ここでは「土」のカボチャのポタージュスープを紹介しましょう。

芯の強さを表す「土」の食材の中でも、カボチャがおすすめです。同じく「土」の食材であるトウモロコシやサツマイモもよいのですが、カボチャのほうが色が濃いため、より高い効果が期待できます。

スープにすると食べやすく消化もよいだけでなく、材料として加えるコンソメや牛乳も商談成功に一役買ってくれるでしょう。ファミレスやファストフードのメニューにもあり、コンビニなどでも気軽に手に入るのが心強いですね。

もし時間とお腹に余裕があるならば、ビーフステーキにカボチャのポタージュスープを添えると、より効果があります。また、カボチャの煮物やソテーなども悪くはありませんが、カボチャの天ぷらは消化に難点があるので、商談の前はやめておきましょう。

その他のおすすめメニュー

スイートポテト、焼きイモなど

試験に合格する〔トンカツ〕

業務に関する資格やキャリアアップのための資格取得、昇進昇格試験など、仕事をしていく中でさまざまな試験を受ける機会もあるでしょう。

プロローグで登場した田代さんも、派遣社員としての働き方から一歩踏み出すために、資格試験の勉強をすることにしました。就業後や休日を試験勉強にあてるわけですから、1回の試験で合格を目指したいところです。

試験の前日や当日だけでなく、日頃の勉強時や試験が近づいてきた日には、ぜひ開運食を取り入れてください。ここで紹介するのは、トンカツです。

トンカツは「敵に勝つ」にひっかけて縁起を担いだ勝負飯とされ、大事な試合の前などに好んで食べられるメニューの一つです。けれどもこれは言葉遊びだけでなく、栄養学的にも五行的にもしっかりとした裏付けがあるのです。

トンカツの材料となる豚肉には、他の食材に比べてビタミンＢ１が豊富に含まれています。そのため、体や頭を疲労から回復させる力が強いとされ、試験勉強で頭を使ったときや、ずっと座りっぱなしで勉強をして体に負担がかかったときなどに、豚肉のパワーがぴったりはまります。

豚肉は「水」の食材です。五行の「水」には「冷静な判断力」や「学び続ける姿勢」を上げていく力があります。つまり、トンカツを食べることで、試験に向けた心と体の準備ができるわけです。

ただ、中には「大事な試験の前に揚げ物はちょっと……」という人もいるかもしれません。確かに油を大量に使った揚げ物は、胃に負担をかけることもあります。その場合は、トンカツと同じ豚肉を使ったポークソテーがおすすめです。

周囲からの期待に応える〔親子丼〕

上司や顧客から「〇〇さんにお願いしたい」と仕事を任されたり、同僚や

部下・後輩から「〇〇さん、見本を示してください」と頼まれたり、一緒に働く人たちから期待されることもあるでしょう。自分のことを信じて任せてくれた周囲からの期待には、しっかり応えていきたいものです。

与えられた仕事に全力で向き合うための開運食には、親子丼がおすすめです。親子丼の主役である鶏肉は「金」の食材です。金の食材には「私利私欲にとらわれない」という力があると五行ではいわれます。

今すぐに自分への見返りがない仕事にはやる気が起きない……といった場合には、ぜひ「金」の食材を摂りましょう。卵を使い、甘く味付けする親子丼は「土」のグループも持ち合わせます。「土」のグループの徳である「誠実さ」も取り入れられるのです。

特に、白いごはんに卵と甘辛いタレがしみ込んだ部分は「土」の要素が豊富です。「金」の食材である鶏肉と「土」の食材が合わさったメニューを食べることで、周囲の期待に応えることを自らの目標にできる、そんな状況を生み出せます。

また、親子丼のほかにチキンライスを主役としたオムライスもおすすめです。オムライスになると主役が卵に移るため、主役はチキンライスとなるように鶏肉の分量に気を配ってみてください。

チキンライスやオムライスにはトマトケチャップを使いますが、トマトケチャップは

「木」の調味料です。「木」には「我欲を抑えて周囲のために」という徳がありますから、親子丼とは少し違いますが、同等あるいはそれ以上に周囲の期待に応えることができるメニューかもしれません。

会議で自分の意見を述べる〔トマトソースのパスタ〕

ビジネスパーソンであれば、会議に参加する以上はしっかりと自分の意見を述べて議論を盛り上げ、自分や参加者が価値ある時間を過ごせるように意識したいところですね。とはいえ、自分の意見に自信が持てなかったり、何となく気後れしてしまったりして、発言するのを躊躇《ちゅうちょ》してしまうこともあるでしょう。

プロローグで登場した山本さんは「自分が発言することで、若手社員が発言しにくくなってしまうのでは……」と遠慮して、口をつぐんでしまうこともしばしば。

ここでは、会議で堂々と自分の意見を発表できるように、トマトソースのパスタを紹介します。トマトソースには「木」の向上心と、「火」の行動力が兼ね備わっています。自分の意見が未完成な提案だと感じたときに「もっと良いものにしよう」とブラッシュアップしたり、「より完成度の高いものに仕上げたい」とさらなる高みを目指したりする気持ちを高めてくれます。また、大勢の人の前で発言することに気後れする場合は、「火」の力が勇気を授けてくれるでしょう。

トマトソースのパスタは合わせる具の種類が豊富なので、好みや用途に合わせて選べるのも特徴です。特に「水」の具と味の相性がよく、魚介をふんだんに使った「ペスカトーレ」や、アサリを使った「ボンゴレロッソ」などは栄養面でのバランスもいいですね。また、トマトソースというよりトマトケチャップかもしれませんが、定番の「ナポリタン」や「ミートソース」もおすすめです。

ただ、一つだけ注意点があります。大事な会議の席で食べこぼしのついた服

べてくださいね。

で意見するのは避けたいもの。くれぐれもトマトソースを飛ばさないように気をつけて食べてくださいね。

うっかりミスをなくす〔アジフライ〕

「うっかりミス」は誰にでも起こり得ることで、完全になくすのは難しいものです。でも、ちょっとしたミスがとんでもない事態に発展することもありますし、一つひとつは小さなミスでも、それが続くとマイナスの査定を下されかねません。

「うっかりミス」は物事をざっくりと大ざっぱに捉えることが原因の一つとされます。ここでは細かな部分まで気配りができるように、「木」の食材である青魚を使ったアジフライを紹介します。

「木」の食材には、周囲への目配りができるようになるという特徴があります。自分自身はもちろん、一緒に仕事をする仲間一人ひとりにも目を配り、気を配ることができるようになれば、うっかりミスも、小さな芽のうちに摘むことができるでしょう。

青魚の中でもアジはフライで食べるのがよく知られています。衣で閉じ込めるため栄養がしっかりと残り、ＤＨＡなど青魚の特徴である栄養の効果も期待できます。揚げる際の油にまで気を配れると、なおよし。自分で調理するときは、できるだけ質の良い油を使って揚げることをおすすめします。

その他のおすすめメニュー

イワシの唐揚げ、サンマの竜田揚げなど

記憶力をアップしたい〔ブルーベリージャム〕

営業はもちろんのこと、内勤であっても自社商品に詳しくありたいものです。でも、素材、デザイン、色など、覚えるべき項目が多かったりすると、なかなか難しいですよね。商品知識だけでなく、ビジネスでは顧客との商談内容や上司からの指示、打ち合わせのスケジュールなど、覚えておかなければならないことはたくさんあります。ビジネスパーソンとしてあらゆるチャンスを無駄にしないためにも「もう少し記憶力を高めることができたら……」と思ったことはありませんか。そこで、記憶力を上げるために、ブルーベリーのジャムを紹介します。

ブルーベリーは「水」のグループです。ジャムにすることで甘さが加わり、「土」の要素が入るため、記憶力の向上に大いに生きるでしょう。

また、生で食べるのもおすすめです。本来は生で食べられる時期は限られていますが、最近では収穫時に冷凍したものが売られているので、ヨーグルトに入れたりシリアルと一緒に食べたりするのもよいでしょう。

ブルーベリーをはじめとする色の濃いベリー類には、記憶力はもちろんのこと、栄養素的にもたくさんの利点があります。また、「水」には記憶力に効果がある食材が多いのですが、水そのものにも記憶力アップに効果があることをお伝えしておきましょう。２０１１年にアメリカのコネチカット大学で行われた研究によると、体内の水分量の低下は記憶力低下と因果関係があるとわかりました。水とはいえ飲み過ぎは害ですが、上手に取り入れていきたいですね。

事務処理能力を上げたい〔五目あんかけ焼きそば〕

見積書、発注書、精算書、勤怠記録、議事録、メールなど、ビジネスパーソンは多くの事務仕事に囲まれています。事務処理に求められるのは「速く・正確に」です。丁寧に取り組むあまりに時間をかけ過ぎるのもよくないし、どんなに速くてもミスばかりで「結局、全部やり直し」では困りますよね。

物事を処理する力とは、すなわち整理整頓の力です。整理整頓ができる人は、同時に複数の仕事を頼まれたり、作業中に別の業務を引き受けたりしても、目の前の仕事を整理整頓して優先順位をつけられるものです。

プロローグで登場した中村さんは、クライアントに提出する仕様書や見積書の対応にいつも追われています。本来の業務ではないうえに、あまり得意な作業でもないため項目に抜けや漏れがあったり、時には提出することをすっかり忘れてしまい、クライアントから指摘を受けたり……。

事務処理能力、整理整頓の力を上げたいときには、五目あんかけ焼きそばがおすすめです。「五目」とは5つの食材を使っているという意味だと思っている人もいるかもしれません。しかし実はそうではなく、「五目」は「複数の」「いろいろなものが混ざった」などの意味を持ちます。

五目ずし、五目の炊き込みごはん、五目ラーメンなど、「五目」がつくメニューはいろいろありますが、五目あんかけ焼きそばは具材の種類が豊富なので、特におすすめです。

よく使われる具材として、豚肉・タマネギ・エビ・イカ・ニンジン・白菜・きくらげ・タケノコ・シイタケ・うずらの卵・さやえんどう・ヤングコーンなどが挙げられますが、この全てが載っていれば、五行全てのグループがそろいます。ここに辛子（「金」のグループ）を添えたり、お酢（「木」のグループ）をかけたりすると、さらに厚みが増しますね。

事務処理能力は整理整頓の力と述べましたが、整理整頓とは、つまりバランスを取ることです。五目あんかけ焼きそばの具材で五行のバランスを整えると、自身の偏りも正すことができ、それは事務処理能力アップにもつながるでしょう。

その他のおすすめメニュー

八宝菜、具材が豊富な中華丼など

セールストークが上手になりたい〔ゴーヤチャンプルー〕

ビジネスにおけるコミュニケーションの一つとして「会話」は大事な役割を果たします。口下手でしゃべることが不得意という人もいれば、「何を話せばよいのかわからない」といった話のネタに悩む人もいるでしょう。

セールストークで大事なことは、話のきっかけをつくることです。相手が話しかけてくれるのを待つのではなく、自分から口火を切って場の流れをつくることを心がけてみてください。苦手だからといって受け身の姿勢でいると、ビジネスのチャンスが得られません。

そのためにおすすめしたいのが、ゴーヤチャンプルーです。上述したとおり、セールストークのポイントは自分が話のきっかけをつくり、主導権を握ること。そのためには行動力だけでなく、「エイヤッ」とかけ声を出すような勢いが必要になってきます。

緑色で苦味の強いゴーヤは「火」の食材です。積極的に行動するための熱意とパワーを与えてくれます。なお、こうした効果はピーマンでも期待できます。

また、ゴーヤチャンプルーにはゴーヤと「スパム」と呼ばれるハムのほかに島豆腐が加わります。島豆腐は「金」の食材です。「金」の持つ効果は、「調子のよさ」です。豆腐はあくまで脇役ですから、軽薄な印象を与えることなく、程よい加減で会話を弾ませることができます。

ゴーヤは夏の野菜ですが、ゴーヤチャンプルーは沖縄料理店では通年で提供されるメニューですし、コンビニなどの惣菜売り場でも時折見かけるものです。ぜひ、取り入れてみてください。

企画力を高めたい〔ボンゴレビアンコ〕

何も制限のない状態だとあれやこれやと思い浮かぶのに、期日が定められていたり、「一人10件」などとノルマを決められていたりすると、なぜか頭が働かなくなってしまうものです。「〇〇せねばならない」という状況に、人は必要以上に緊張するからです。

リラックスした状態であれば、思考は柔軟になります。けれども「うまくやりたい」とか、「格好よく見せたい」といった気持ちがあると萎縮してしまい、本来持っている能力も発揮できなくなってしまいます。

そこで取り上げるのがボンゴレビアンコです。アサリを使ったスパゲティのうち、トマトソースを使う赤いものがボンゴレロッソ。こちらは会議で自分の意見を述べたいときのメニューとして取り上げましたね。同じアサリのパスタでも、白いものがボンゴレビアンコです。

アサリは「水」の食材です。「水」には智をつかさどる力があるので、アイデアを出したいときに効果を発揮します。そして、白いパスタであるボンゴレビアンコは、「金」のグループに当たります。「金」には「楽しみながら」「気軽に」といった、いい意味での軽さがあることは、前述したとおりです。

リラックスして頭の中を軽くし、柔軟な思考をもってアイデアを生み出す。企画を考えているときに煮詰まってしまったら、ぜひ、ボンゴレビアンコで、気持ちを切り替えてみてください。

なお、イカやツナのパスタもおすすめですが、その際は和風パスタにして海苔や海藻を足して、「水」の要素を強めて食べましょう。

3. ヒューマンスキルをアップする

周囲と良好な人間関係を維持したい〔冷やし中華〕

どんな仕事であっても、たった一人で誰とも関わらずに対価を得るということはありません。ビジネスパーソンであれば、必ず誰かと何らかの関わりを持ちながら仕事を進めていくことになります。

上司、同僚、部下、後輩、顧客、協力会社のスタッフなど、何人もの人と一緒に仕事をすると、当然、どうにも気の合わない相手だっているでしょう。もちろん、パワハラやセクハラなどのハラスメントに遭った場合は、我慢して耐える必要はありません。けれども、多くの場合は「ハラスメントをされたわけではないけれど、苦手」というケースがほとんどではないでしょうか。それが仕事上の付き合いである以上、好き・嫌いという感情で関係を線引きすることはできないものです。

そこでおすすめするのは、冷やし中華です。冷やし中華にはいくつかの種類があることをご存じですか？　スープだけでも、醤油、味噌、ゴマダレなど、数種類ありますが、共通するのが酸味です。酸味は「木」のグループですね。

上に載せる具材の種類も豊富です。卵やハムが一般的ですが、カニやクラゲ、蒸し鶏などを使うこともあります。そして、どんな冷やし中華にも共通して使われているのが、キュウリです。

スープは「木」、キュウリも「木」のグループです。他にどんな具材を使おうと、「木」の要素が前面に出てきます。「木」は「社交性」や「受容」の能力を上げてくれるものです。苦手だとか、いけ好かないなどと感じていた相手に対して、相手の欠点や自分との相違点ではなく、相手の良いところや自分との共通点に目を向けることができるようになるでしょう。そうすると、今まで気になっていた違和感や抵抗感が薄れてくるはず。相手に100％合わせる必要はありません。受け入れることができれば成功です。

冷やし中華は夏の期間限定ですが、ぜひ活用してみてください。夏以外の時期は、キュウリのピクルスをおすすめします。

後輩の指導係を引き受けることに〔ゴマダレのそば〕

仕事の経験を積むうちに、後輩の教育係や指導担当を任されることもあるかもしれません。日頃から面倒見がよく、人に何かを教えるのが得意だったり、自然と後輩に目をかけたりできるタイプの人であれば問題なくこなせるでしょう。けれども、そうしたことが苦手な人にとって、教育係の任命はストレスかもしれませんね。

プロローグで登場した長谷川さんも新入社員の教育係を任されたものの、自分に務まるのか自信がなく、悩んでいます。しかし、この後輩指導がうまくいけば、長谷川さんの社内でキャリアアップの道が開けるかもしれません。後輩を上手に導き、独り立ちさせるにはどうすればよいでしょうか。

教えるという作業は、自分が知っているることをただ伝えればよいというものではありません。まずは相手が自分に心を開き、話を聞いて理解する姿勢を持ってもらわなければ始まりません。つまり、スタートが大事です。そのうえで、もともと相手はどれくらいの基礎知識を有していて、何をどのように伝えたら理解してくれるだろうか、といったことを考えながら指導にあたる必要があります。さらには、相手が本当に理解できたかどうかの観察も必要になります。

こうした作業には「水」の食材がぴったりです。「水」の食材には、相手に合わせつつも冷静に状況を見渡して判断

できる効果があります。相手の状況を見極めながら、次に打つ手を検討できるのです。「水」の食材であるゴマダレのそばを食べることで、相手を細かく観察する力が磨かれるので、1番大事なスタート地点をクリアすることができます。始まってしまえば大丈夫。あなたには力があると見込まれての業務です。普段の仕事と同じように取り組めば、きっとうまくいくでしょう。

どんな相手と組んでも成果を上げたい〔アスパラベーコン〕

現代の仕事はチームで取り組むことが多いものです。一人では達成できないことも、チームを組むことで相乗効果が期待できますね。

しかし、いつだって最高のチームメンバーに恵まれるわけではありません。どう考えても納得がいかないこともあるかもしれません。相手によっては自分の持ち味が生かせなかったり、思うように力を発揮できなかったりすることもあります。

だからといって仕事である以上、「他のメンバーのせいで成果を上げられなかった」と嘆いているわけにはいきません。どんなメンバーであっても与えられた仕事をこなし、期待される成果を出せるようなメニューはあるのでしょうか？

おすすめしたいのが、アスパラガスとベーコンの炒め物です。アスパラガスとベーコンの組み合わせは、落ち着かない心理状態を助けて状況を上向きにしてくれます。

緑色のアスパラガスは「木」、赤色のベーコンは「火」のグループです。これはどんな相手に対しても心をフラットに保つことができ、穏やかな気持ちで接することができる色の組み合わせです。思いやりや優しさを持って相手と向き合い、さらに相手に敬意を示し、謙虚な姿勢で臨むことができます。そうした配慮ある態度はチームの結び付きも強めてくれ、結果として成果を上げることにつながります。

炒め物にするだけでなく、パスタの具材にしてもよいでしょう。サッと火を通すだけで完成するので、疲れて帰宅した日も時間と手間をかけずに調理することができます。お醤油をちょっとたらせば、白いごはんのおかずにもぴったりです。

アスパラガスはブロッコリーに代えても大丈夫。ベーコンはハムに代えてもよいでしょう。どちらも手に入りやすい食材です。また、居酒屋のメニューでもよく見かけますし、スーパーでお惣菜として売られていることもあります。身近で手軽に食べられますから、ぜひ試してみてください。

ハムとインゲンのソテー、さやえんどうとコーンビーフのソテー

部下から頼られる上司になりたい〔牛肉のステーキとコーンソテー〕

部下が何か言いたそうな素振りで自分の様子をうかがっている。それに気付いているけれど、今は目の前の仕事を片付けることに手いっぱいで余裕がない。そして相手もそれに気付いたのか、諦めて行ってしまった――。管理職とはいえ、やらなければならない業務は山積みです。

プロローグで登場した山本さんもそんな管理職の一人です。若い部下たちから頼られたいと思いつつ、なかなかじっくりと話を聞いてあげる機会が持てず、部下がどんなことに悩んでいるのか、今後どのようなキャリアを積みたいのかなどを把握できないジレンマがあります。

部下とのコミュニケーションは管理職の仕事の一つといっても差し支えありません。部下が上司に臆することなく相談できなければ、それは互いにとって損失です。些細なことであっても部下が上司を頼り、相談できるような関係性を築くことができればチームの結

び付きも強くなり、業務にもプラスの効果が表れます。

では、部下にとって頼れる上司、何でも相談したくなるような上司とは、どのような人物でしょうか？　気軽に話しかけられる雰囲気は、軽薄さとはちょっと違います。威厳はあっても、高圧的だったり近寄りにくかったりするのも違いますよね。何よりも求められるのは、どんなことにも動じず、何でも受け止めてくれそうな包容力かもしれません。

そこでおすすめしたいのが、牛肉のステーキとコーンソテーです。牛肉は「土」の食材で、安定や落ち着きを表します。そこにコーンのソテーをつけることで「土」の力をさらに後押しします。

いい意味での「親分肌」を感じさせてくれるのが「土」のグループの力なのです。

温かさと力強さ、この両面を併せ持つことで、部下のほうから話しかけてきてくれる。そんな状況を自然に生み出すことができます。

その他のおすすめメニュー

バーベキュー、牛100％のハンバーグ

面倒な役割を引き受けることに……〔シナモントースト〕

組織の中で働いていると、面倒な役割を果たさなければならないことが多々あります。例えば、敵対する派閥同士の仲介や他部署の動きをそれとなく探る役目など。

立場的に断れない、けれども進んで引き受けたくない役割です。結果によっては自分自身の立場を危うくすることにもつながりかねません。このような、周囲の人間関係を調整したり探ったりする難しい役割を果たすときにぴったりのメニューが、シナモントーストです。

シナモンは「金」の食材なので、肩に力が入り過ぎることなく行動できるようになります。トースト（食パン）も「金」のグループですね。さらにシナモンは「土」の要素も併せ持つため、堂々とした態度で、気持ちを落ち着かせた状態で相手と向き合うことができます。

難しい役を遂行するときに必要なのは自信です。自分に自信がなければ問題を解決することができません。しかし、過信に陥った傲慢《ごうまん》な態度や「やってやるぞ！」と勢いをつけ過ぎて臨むのも、かえって危険を伴います。

その意味で、シナモントーストは、「土」と「金」の特性がうまく混ざり合い、ちょうどよいさじ加減で目的を果たすことができるでしょう。

なお、はちみつトーストやシナモンロールなどもおすすめですが、少々「土」の要素が強くなり過ぎるので、「金」のグループである牛乳を飲むなどして調整を図ってください。

理不尽な扱いを受けて悔しい！〔レバニラ炒め〕

頑張ったら頑張った分だけ評価されたらよいのですが、いつもそうとは限りません。時間や労力をかけたプロジェクトから外されてしまったり、同僚に手柄を横取りされてしまったり、理不尽な扱いをされて悔しく思うときもあるでしょう。

プロローグに登場した田代さんも、今日は理不尽な目に遭ったようです。営業担当者に言われたとおりの金額で請求書を作成したところ、取引先から金額が違うと叱られてしまったのです。上司からも注意され、自分のせいではないのに悔しい気持ちを抱えています。

怒りや悲しみ、悔しさといった負のパワーはパワフルです。負のパワーそのものが悪者なわけではありませんが、人を振り回す力があり、振り回されて行きつく場所は得てしてあまり良い場所ではありません。そんな負のパワーに好き勝手されないように、いっそのこと、その力を逆手にとって活用したらどうでしょうか？　つまり、マイナスのパワーをプラ

スに転換してしまうのです。

負のパワーを落ち着かせ、前向きな気持ちに変えるには、レバニラ炒めが効果的です。レバニラ炒めには、自分の中に理不尽さを受け入れるキャパを増やす力があります。レバーは苦味を持った食材で、「火」のグループです。食べると、お腹の奥底から前向きなパワーが湧き上がってくるのを感じられるでしょう。

ところで、負のパワーにもレベルがあり「ちょっと悔しい思いをした」という軽度のものから、「昼も夜も頭から離れず仕事が手に着かない」というほど重度のものまでさまざまです。ここでは、負のパワーの大きさに合わせてレバニラ炒めを3段階でアレンジしたいと思います。

まずは「ムッとした」「思い出すと悔しい」といった軽度の場合。こうした気持ちのときは、普通のレバニラ炒めを食べます。

続いて「悔しい思いが頭から離れない」「仕事をしようとすると怒りが湧いてくる」といった中度の場合は、レバニラ炒めにニンニクやショウガなどの薬味をたっぷりと加えて食べてください。

そして、「寝ても覚めても頭から離れない」「いっそ会社を辞めてしまいたい」といった重度の場合。こういう負のパワーが大きいときは、レバニラ炒めに薬味だけでなく辛味をプラスして食べてください。レバー以外のもつも入れると、なおよいでしょう。

段階に応じて「金」のグループである薬味を加える理由はなぜだと思いますか?「金」のグループには、物事を「ま、いいか」と切り替えて受け入れられる軽さがあります。それを活用するのです。最も重度の負のパワーを帯びているときは、「火」の力を増やすために別の種類のもつを加えます。さらに薬味だけでなく辛味も足して、「金」の力も増強するわけです。

他者からのアドバイスに素直に耳を傾けられるようになりたい〔青魚の刺身〕

細かい点にまであれやこれやと口出ししてくる上司、すぐに「そのやり方じゃうまくいかないよ」とダメ出しする先輩は身近にいませんか?

仕事で成長するためには、その道の先輩たちのアドバイスに素直に従ったほうがよいケースはしばしばあるものです。だけど、耳が痛い話は受け流してしまったり、誤りを指摘されるとカチンときて反抗的な態度をとってしまったり……。

指導やアドバイスはありがたいものだと頭ではわかってはいるけれど、なかなか素直に聞き入れることができないという人もいると思います。では、どうすれば素直になれるのでしょうか。

ここでは青魚の刺身をおすすめします。イワシやサンマの刺身定食です。

実は生物学的には「青魚」という分類はありません。水産庁の見解によれば、一般的に背中が青緑色に光って見える魚、例えばアジ、サバ、イワシ、サンマなどを青魚と呼ぶそうです。

しかし、同じく背中が青色をしているマグロやカツオは青魚の仲間にはならないそうです。青魚は世間一般に大衆魚と見なされるものに限定されるらしく、マグロやカツオは値段の面では少し高級なので、青魚と呼ばないようです。

さて、青魚は青緑色なので「木」の食材です。マグロやカツオは「火」の食材ですから、五行でも青魚とは異なる分類になります。

「木」のグループは物事や事象が成熟する前の状態を表します。まだ熟していない若くて固い状態のことであり、それはすなわち、上司や先輩の指導やアドバイスを素直に聞き入れられない姿と重ね合わせることもできますね。まずは、青くて未熟な自分を認めることです。そして、相手の懐に飛び込む気持ちで素直に耳を傾けてみましょう。

青魚の刺身は「木」の効果をより一層体感できるメニューです。さらに「金」の食材であるショウガを添えると、ほどよい気軽さも加わるので、変に片意地を張ることなく素直な態度が取れるでしょう。

●その他のおすすめメニュー●
イワシやサンマの刺身定食、アジのたたき（ただし、味噌を使ったなめろうは、他の五行が強調されるので避ける）

相手を立てて物事をうまく進めたい〔白菜や大根の漬物とごはん〕

会議などで意見の相違があり、なかなか双方に最適な落としどころが見つけられないことはありませんか？ お互いに自分の意見が正しいと一歩も引かなかったり、もしくはプライドが邪魔して振り上げた拳を下ろすことができなくなってしまうケースもあるでしょう。強行突破でどちらかの意見を採用し、どちらかが意見を引っ込めざるを得なくなったりすると、その後の関係がギスギスしてしまうこともあります。

ビジネスの場面では、明らかにどちらかが正しくて、どちらかが絶対に間違っているということはほとんどありません。両方に良い部分とそうでない部分があるのが常です。ですから、自分の意見だけに固執するのではなく、互いに良い部分を取り入れ、未熟な部分を補い合うような案に昇華させることができれば、それがベストですよね。

とはいえ、我を張ってしまい、自分が引くのは面白くないという気持ちのときは、白菜や大根の漬物を食べてみてください。

白い野菜は「金」の食材です。金のグループには「執着しない」という効果があります。自分の意見に執着し過ぎず、少し距離を置いてみるのです。

漬物は「水」のグループです。水は冷静な判断を可能にする食材です。冷静なまなざしで相手の意見に目を向け、そこにある良い部分に着目するのです。

「金」の食材には、場の雰囲気を和ませる効果もあります。白菜や大根などの白い野菜の漬物に、同じく「金」の食材である白いごはんを合わせてみてください。相手の意見に光る部分を認めたら、そこを認め、称賛することができるでしょう。褒められて嫌な気持ちになる人はいません。このようにすれば、相手を立てつつ互いの良いとこ取りのような落としどころを見つけられることでしょう。結果として業務にも有益となるはずです。

なお、漬物であっても、ニンジンや赤カブ、ナスなどの野菜は色が違うため、得られる効果の方向性が変わってくるので気をつけてください。

4. コンセプチュアルスキルを高める

あらゆる仕事を俯瞰《ふかん》して見たい〔餃子《ギョーザ》・焼売《シューマイ》〕

自分に与えられた仕事だけやればいいと考える人もいると思います。その考えを否定はしません。しかし、もし、今よりも上を目指したければ、自分の仕事だけでなく、チームのメンバーの仕事、組織全体の仕事などを客観的に俯瞰して見ることが必要になります。

自分に与えられた目の前の仕事をこなすだけでは、それは「仕事」というより「作業」です。作業は、仕上がりに多少の差はあっても、やる人が変わっても結果に大きな変化がありません。

しかし「仕事」は違います。顧客のニーズを探り、自分が取り組む内容だけでなく前後の工程のことも考えながら「チーム全体、組織全体でどのように取り組めばより大きな成果が得られるか」に知恵を絞り、工夫を凝らします。

自分の仕事を客観的に見つめ、チームや組織を俯瞰的に眺める視点を手に入れるには、餃子と焼売がおすすめです。餃子も焼売も具を中に入れて包んで食べる点心です。豚のひき肉を使って作られた餡と呼ばれる具を、小麦粉で作られた皮で包みます。具には野菜を使うこともあるし、調理方法も焼く、蒸す、揚げる、と多岐にわたっています。

豚肉の「水」と小麦粉の「金」のグループがメインになるため、「肩の力を抜いて周囲を観察できる」「客観的に状況を判断できる」といった効果が期待できます。また、メインの材料以外に使われる野菜や香辛料、調理方法で重なる五行が変わり、各五行の効果を併せて活用することができます。例えば、苦味の強い野菜や癖のあるスパイスを使った場合は「火」の五行が加わり、青い野菜をふんだんに使えば「木」の五行が加わります。

ただし、「土」の五行はあまり前に出ないほうが状況判断が機敏になり、よい動きができるようになるので、「土」の食材は控えめがよいでしょう。

リーダーシップを高めたい〔きんぴらごぼう〕

チームのリーダーとして大事なことは何でしょうか？　周りからの人望？　決断力や行動力？　あるいは、メンバーを引っ張っていく統率力でしょうか？　必要とされるスキルや理想とするリーダー像は人それぞれだと思いますが、どんなリーダーにも共通して求められるのは、チームのメンバーから信頼されることではないでしょうか。

リーダーを信頼し、安心感を持てれば、メンバー一人ひとりがのびのびと力を発揮することができます。皆が同じ方向を向いてスタートラインに立つことができれば、リーダーとしての第一歩を踏み出せたといえるでしょう。

メンバーからの信頼を得るのに効くメニューは、きんぴらごぼうです。きんぴらごぼうの材料は、ニンジンとゴボウ。油揚げなどを入れることもあるかもしれませんね。メインとなるニンジンもゴボウも五行では「火」の食材です。

「火」のグループには「礼」をつかさどる力があります。ここでは、人間関係を円滑にする礼の力を活用したいと思います。

ビジネスにおける礼は、慇懃《いんぎん》無礼《ぶれい》、へつらいなどネガティブな意味合いで使われることもありますが、「火」のグループが持つ礼は相手に対する敬意です。

また、リーダーに求められる行動力や決断力も「火」のグループの得意技です。リーダーを任せられるような人は、すでにそういった能力が備わっているものと思いますが、きんぴらごぼうを食べることで、さらにその力が高まるでしょう。

きんぴらごぼうは甘じょっぱい味付けですが、そこにピリッと辛い鷹の爪が入っていたり、ぱらりと白ゴマがかけてあったりすることも。甘味は安定の「土」。鷹の爪の刺激は、周囲を引き付ける魅力の「金」。また、白ゴマも「金」です。使われている材料それぞれにリーダーシップを高めるための要素があるのが、きんぴらごぼうの特徴です。

チームの全体力を高めたい〔五目ずし〕

前項で挙げたのはチームのリーダーのケースでしたが、今度はリーダーであるなしにかかわらず、チームの力を上げて結果を出したいときについて考えましょう。

チームで動くというのは、チーム全体の力が問われるということです。メンバー一人ひとりがどれほど優れた能力を持っていたとしても、それぞれバラバラの方向を向いていたのでは何の意味もありません。個々の能力や個性の差を一つにまとめ上げれば、そこには団結という強さが生まれます。それがチームの強みであり、そこで初めてチームとしての力が発揮されるのです。

チームの全体力を高めるのに効くのが、五目ずしです。本来であればメンバー全員で食べるのがベストなのですが、なかなかそういった機会はないでしょう。まずはあなたが実践してみて、チームに良い刺激を与えられる存在になりましょう。

「五目焼きそば」の項でお伝えしたとおり、五目とは5つの具材に限定されず、複数の具材を使っていることを意味します。なぜ五目ずしが効果的かというと、すし飯に使われる酢飯に理由があります。酢飯は酸味ですから「木」の味です。「木」のグループには「互いを受け入れる」とか、「社交性」「我欲を抑える」といった、チームで活動するときには絶対に欠かせない要素を上げてくれる効果があるのです。

また、五目ずしの具材には、卵、かまぼこ、レンコン、甘く煮たシイタケ、桜色のでんぶなどがよく使われます。こうした具材で五行のグループをそろえることも大事ですが、ここに「火」の食材を加えることで、チームの熱意をもう一段階引き上げることができるでしょう。マグロの刺身、イクラ、エビなどを散らすのがおすすめです。

ビジネス数字に強くなりたい〔麻婆ナス〕

ビジネスと数字は切り離せません。中には数字を見るのは苦手という人もいるかもしれませんが、予算を組んだり、見積もりをしたり、コストを考えたり、数字に明るいことは高みを目指すビジネスパーソンに必須のスキルです。

数字を理解するということは、全体を見渡すことでもあります。分析したり、比較したり、予想したりと、変化への洞察力も求められます。さらには、読み取った情報をまとめ上げて発信する力が要求されることもあるかもしれません。

そんな多面的な力が求められるビジネス数字。その力をサポートしてくれるのは麻婆ナスです。麻婆ナスの主役は、もちろんナス。ナスは「水」の食材です。「水」のグループは冷静沈着、クールな判断力などを高める食材が豊富で、ナスもその一つです。

特に、数字を見て状況判断をする必要があるときは、「水」の食材が活躍します。麻婆ナスは、ナスに豚ひき肉の餡をからめたメニューなので、ナスと豚肉という2つの「水」の食材が重なっているのです。

ただし1点だけ気をつけたいことがあります。麻婆ナスと似たものに麻婆豆腐がありますが、こちらは豆腐、つまり「金」の食材がメインとなるメニューです。「金」のグループは良くも悪くも「いい加減さ」を特徴とするので、正確さが求められる数字を読むときには避けたほうがよいでしょう。

好奇心を持って視野を広げたい〔しじみの味噌汁〕

世の中には自分の知らないことがたくさんあり、自分が今見ている世界はとても狭くて小さなものです。日頃から好奇心を持って過ごしていればそうしたことに気付く機会を逃さないかもしれません。しかし、ビジネスパーソンは毎日の仕事に忙殺され、視野が狭くなりがちです。

プロローグで登場した中村さんは多忙な毎日を送っており、「起業する」という夢が遠のきつつあります。自分の視野が狭まっていることを自覚しつつも、時間的にも精神的にも余裕が持てません。

好奇心を持って世界を見渡し、視野を広げたい。そして、見て聞いて感じたことを自分の中できちんと消化し、夢の実現に生かしたい。しかし、視野を広げようにも現状がキャパオーバーであるならば、いくら新しいものを見たり聞いたりしても、それを受け入れる余裕がありません。

まずは、自分の持つ容量を正確に測ることです。そして、忙しい毎日の中でも「これくらいならできる」「これくらいなら取り組める」というポイントを見つけるのです。

そんな現状の悩みに効くのが、しじみの味噌汁。汁物の中でも味噌を使ったものは、五行では「水」のグループに入ります。貝の仲間であるしじみも「水」の食材です。

さて、「コンセプチュアルスキルを高める」の項目では「水」の食材が多く使われていることにお気付きですか？　高みを目指すために力を貸してくれる食材は「水」のグループが大きな役目を担っています。冷静さ、正しい判断、柔軟でありながら厳しい面も併せ持つなど、より上位のスキルアップを目指すために必要な力を与えてくれるのが「水」のグループです。

なお、しじみの味噌汁はお酒を飲む人にはなじみ深いかもしれませんね。しじみには肝臓の働きに一役買ってくれる栄養素が含まれるそうです。必ずしも手作りしなければならないわけではなく、インスタントの味噌汁でも効果は変わりません。あなたの生活に取り入れやすい形で試してみてください。

問題点に気付きたい〔フレッシュジュース〕

「そうあってほしい」という思いや、「きっとそうであるに違いない」という決め付けから、見ないふりをしてしまうことがあります。ところが、何かの拍子で「そうではない」

ことが判明して焦りを覚えます。それが自分が思っていたよりずっと悪い状況だったりすると、なおさらです。もしもっと早くに物事や状況の問題点に気付き、それを改善するための行動を起こせていたら……。そんな後悔をしないためにも、野菜や果物のフレッシュジュースを飲むことをおすすめします。

野菜や果物を使ったフレッシュジュースは、主に「木」のグループに入ります。選ぶフルーツによっては「土」のグループになることもありますが、ジュースというくくりでは「木」の食べ物ですね。「木」は「未熟」や「若さ」、「始まり」を表すグループです。慣れや惰性からくる「そうでないはず」という一種の思い込みを吹き飛ばし、初心に戻って新鮮な目で物事を見つめることができるようになるでしょう。

日常の慣れや、「なんとかなるさ」「そうあってほしい」といった思い込みによって曇りガラスのようになっていた視界が開け、見えなかったものが見えるようになります。見えていたのに気付かなかったことや、見ないようにしていたことに視線がいくようになります。そうすれば、今まで目をやろうとしていなかった問題にも気付くことができ、早い段階で対処できるので、結果として良い状態にもっていけるようになるでしょう。

チャレンジし続ける〔馬刺し〕

どんな状況にあっても、常に上に向かって挑戦する意識は大事です。もちろん、「今のままでも十分に幸せで満足している」という人もいるかもしれません。上を目指すことだけが幸せではないし、全ての人が上を目指す必要はないかもしれません。

それでも今は現状を維持することすら簡単にはいかない世の中です。苦しいことですが、上を目指して挑戦を続けて、ようやくそれが現状維持につながることもあります。

チャレンジし続けるあなたにおすすめしたいのは、馬刺しです。馬刺しは高みを目指す人にぜひ食べていただきたいメニューです。うまくいかなくてへこたれそうになったときにも効果があります。

わき目もふらずに仕事をすることを「馬車馬のように働く」と表現することがあります。ビジネスパーソンには、そんなふうに働かなければならないときが必ずあります。でも、それは必ず結果につながるものです。

馬肉は五行では「木」の食材です。つまり、「始まり」と「若さ」と「向上心」のグループです。馬刺しの持つパワーと効果を最大限に活用して挑戦を加速させましょう。ただ、あまり頑張り過ぎないように、ニンニクとショウガを添えて「金」のグループの力を取り入れ、肩の力を抜く効果も加えておいてください。

ここではもう一つメニューを紹介しましょう。羊のソテーです。羊肉は「火」の食材です。上を目指して必死に頑張るというよりは、現状を維持したい人向けのメニューです。たとえ現状維持であっても努力やエネルギーが必要です。「火」のグループである羊肉を食べると、行動力や情熱といった熱い気持ちを思い出すことができます。それは、もし今いる場所から一歩踏み出し、何かにチャレンジしたくなったときにも効果を発揮するはずです。

5. 感情をフラットに保つ～メンタル面のケア

ここまで、ビジネスパーソンとして身につけたい3つのスキルとそれを実現させる食事について考えてきました。実務を遂行するためのスキルや、職場の人間関係を円滑にするためのスキルに加えて、あなたが欲しいものを手に入れるためにもう一つ大事なことがあります。それは、メンタル（精神）面のケアです。

かつての日本社会は、働く人のメンタルケアは後回し、むしろ、ないがしろにしてきました。しかし最近では「心身一如」という言葉があるように、体と心は一体であり、どちらか一方に問題が生じたら、もう片方も十分には機能しないということに社会が気付き始めました。心が安定していなければ、仕事で良い結果を出すことは難しくなります。

仕事には責任が伴います。メンタルが揺らぎ、精神的につらく感じるときであっても、仕事を簡単に投げ出すことはできないものです。だからといって、限界まで無理をする必要はありません。日々の生活の中で食事を通して自分自身をケアすることで心のしんどさから解放され、感情をフラットに保つことができるとしたら――。そんなメニューを紹介します。

心配事があるとき〔豆乳鍋〕

仕事に対する悩みだけでなく、家族のこと、恋愛のこと、交友関係のことなど、プライベートでの悩みが仕事に支障をきたすこともあるでしょう。簡単に答えが出せるものばかりではなく、解決に時間のかかることもあります。

布団に入っても眠りにつけず、夜中に何度も目が覚めてしまう。悩みの相談に長時間電話をして寝不足になってしまう。そうした日が続くこともあるでしょう。仕事中も心配事が頭から離れず、ついそのことばかり考えてしまったり、寝不足な頭でぼんやりしてしまったりして、周囲からも仕事に身が入っていないと思われてしまいます。

そんな事態に遭遇したときは、豆乳鍋を食べてみましょう。「金」のグループである白い豆乳鍋は、今背負っている荷物を軽くしてくれる効果があるからです。心配事から目をそらすのではなく、背負い過ぎないように心の持ち方を変えてくれると言い換えてもよいでしょう。豆乳鍋には「土」のグループの効果もあるため、気持ちの安定を得ることもできます。

また、何よりも、鍋物は温かく、食べると体を温めてくれます。温かいものを食べると、体だけでなく心までホッとしませんか？　刺激の少ない豆乳鍋を選ぶことで、優しく穏やかな気持ちが手に入り、心にある不安や心配事を温めて溶かしてくれるのです。

鍋の具には、同じ「金」の食材である白菜、大根がおすすめです。もちろん豆腐も入れましょう。ネギを入れる場合は白い部分をたっぷり使ってください。いろどりに考慮するならば、コーンを入れるとよいかもしれません。

豆乳鍋には豚のバラ肉が使われることが多いのですが、もし選ぶことができたら鶏肉にしておきましょう。鶏肉も「金」の食材です。つくねだんごにしてもいいですね。魚を使うときは、白身魚で、味の癖も弱いタラがおすすめです。

具だくさんな豆乳鍋を用意するのが難しい場合は、カップの豆乳スープでも効果はあります。完璧を目指し過ぎず、できる範囲で取り組んでみてください。

怒りが鎮まらない！〔もつ鍋〕

怒りの着火点は人によって違います。ちょっとしたことでも激怒したり、一度スイッチが入ってしまうとなかなか収まらなかったり、次々と怒りが湧いてきたりすることもあるでしょう。

相手があることだと、どこかで気持ちを落ち着かせなければならないけれど、引っ込みがつかず、もはや自分でも怒りを収束させる方法がわからずにお手上げ……ということもあるものです。怒りの持つ負のパワーは大きく、そんな状態のまま仕事に取り組むと、冷静に対処できずにミスを連発してしまうことになりかねません。

そういうときは、ぜひもつ鍋を食べてみてください。もつ鍋は「火」の鍋です。「火」のグループといえば、情熱やエネルギーです。実は怒りのエネルギーは火山のマグマと一緒です。時間がたち、一見怒りが鎮まったように思えても、そこにマグマがある以上、いつまた噴火するかわかりません。

それならばいっそのこと、全部噴出させてしまいましょう。今たまってしまっている怒りのエネルギーを全部出し切ってしまうのです。

もつ、ニラ、キャベツ、豆腐といったスタンダードなもつ鍋の具には「木」や「金」など、いくつかの五行の食材が入っています。それらの五行の力もスパイス的に借りながら、主役であるもつを食べれば、怒りが徐々に溶けていくのを感じるはずです。

気をつけたいのは、魚介類、海藻など「水」の食材は使わないこと。「水」の冷静さは、とりあえず怒りに蓋《ふた》をする選択をしがちです。でも、無理に怒りを鎮めるよりも、怒りのエネルギーを出し切って、すっきりしてしまったほうが後々楽になることでしょう。

心が折れそうになったら〔カレー鍋〕

食事が喉を通らないほどつらく悲しいときもあると思います。そんなときは無理して食べる必要はありません。一食二食抜いたところで、それほど気にすることはないのです。でも、その状態では仕事で100%の力を出すのは難しいかもしれませんね。仕事とは、ある意味戦いの場でもあるため、食べないと心にも体にも力が入らず相手（仕事）に負けてしまうからです。

もし、心が回復するまで休むことができるならば、休息するのが1番です。でも「今は休めない」というときは、ぜひ、カレー鍋の力を借りてください。

カレー鍋は「火」「土」「金」の3つのグループにまたがる鍋です。そのため、今の心の状態に細やかに効果を発揮してくれるでしょう。

折れそうになった心を優しく包んで癒やしてくれるのは「土」の効果です。悲しみを抱えていたら「金」の効果で負担を軽くします。また立ち上がるためのパワーは「火」の効果からもらうことができます。

具材は、タマネギ、ニンジン、ジャガイモなど、一般的にカレーを食べるときに使うもので構いません。肉は豚肉ではなく、「金」の食材の鶏肉か、「火」の食材の牛肉を使うとよいでしょう。

スープにはスパイスをたっぷり入れることをおすすめしますが、市販のカレールーやカレースープの素でも十分です。最後のシメとして、チーズをたっぷり載せたカレー味のリゾットやうどんがおすすめです。ただし、そばとラーメンは「水」の食材なので、やめておいたほうがよいかもしれません。そうやって、心を切り替えることができたら、また少しずつ動き始めましょう。

ヒステリックな言動が止まらない！〔トマト鍋〕

怒りとは別に、自分でコントロールがしづらい感情に興奮があります。良くも悪くもハイテンションになること、一般的にはヒステリックとされる状態です。

こうした興奮状態に陥ると冷静な判断ができなくなり、暴走してしまう可能性がありま す。あまり良い状態ではないですし、簡単には解決できない原因があるかもしれませんが、まずは落ち着くためにトマト鍋を食べてみましょう。

トマト鍋は主に「木」の鍋です。「木」のグループは、向上心やバランス、受容といった効果を持ちます。興奮とは、ある部分が突出してしまっている状態なので、飛び出た部分を平らにすればよいのです。トマト鍋を食べることで、崩れてしまった心のバランスを取り戻すことができるでしょう。

トマト鍋自体が「木」のよさをたっぷり備えていますが、使う具にも「木」の食材を活用しましょう。ブロッコリーやアスパラガスなどの緑の野菜を取り入れるといいですね。さらに、冷静さを呼び戻すために「水」の食材も少しだけ使ってみましょう。トマトの酸味を損ねないことが大事ですから、例えばナスやシイタケなどがおすすめです。アサリも合いそうです。

食べ進めるうちに心が落ち着いてきたら大成功。興奮が鎮まってきたら「水」の食材を足すと、さらに冷静さを呼び戻せるでしょう。

自己肯定感がダダ下がり〔石狩鍋〕

「３Ｄ」という言葉を聞いたことがありますか？「だって」「でも」「どうせ」の３つのネガティブな言葉の頭文字を指したものです。この３つは、うまくいかないときに使う「言い訳の言葉」とされています。うまくいかなかったときに自分を慰めるための言葉だそうです。

これらは成長とは対極にある言葉です。なぜなら、人は失敗を教訓にして成長するからです。反省したり改善点を見つけたりするたびに学び、次のステップへと進んでいきます。

そうはいっても、時には逃げたくなることだってありますよね。手痛い失敗をして「だって、先輩の仕事を代わりに引き受けただけだし」「でも自分ばかり嫌な目に遭った」「どうせ自分には手に負えない仕事だった」などとネガティブの沼に浸かるのも、一瞬だけならありでしょう。

けれども、いつまでもそうした気持ちを引きずっていては成長が望めません。そこで、おいしい石狩鍋を食べて、さっさと沼から上がりましょう。

石狩鍋は昆布でだしを取ったスープに味噌で味をつけ、具材を煮ていきます。味噌は「水」のグループに入るので、ネガティブな感情が決して自分のためにならないことを冷静に気付かせてくれるでしょう。

具材には大根、ニンジン、キャベツなどのほか、ジャガイモが入ることも多く、メインの具材は鮭です。キャベツは「木」、ジャガイモは「土」、鮭は「火」、豆腐は「金」、そしてベースのスープは「水」の昆布と味噌です。バランスのよさがおわかりいただけましたか？　５つのグループそれぞれの食材を使うことで、自分でも気付いていないポイントにぴったりはまる具材に出合えるでしょう。

石狩鍋の力を借りて、少しでも前向きに物事を捉えられるようになったら、きっと明日は元気に仕事に向き合うことができるようになるはず。

鍋は手軽にバランスよく栄養を摂ることができるメニューです。そして、栄養だけでなく、心のバランスを取るのにもぴったりです。

最近は一人で食べられる鍋も多く売られており、コンビニなどでも手に入りやすくなりました。冬の寒い時期だけでなく、心が疲れた、メンタルが不安定だと感じたら、ぜひいつでも取り入れて楽しみたいものです。

コラム「ミョウガを食べると忘れっぽくなる？」

「ミョウガを食べると物忘れをする」という話は「周利槃特《しゅりはんどく》」というお坊さんの、あるエピソードから生まれたものとされています。お釈迦様の弟子であった周利槃特は大変物覚えが悪くて自分の名前さえ覚えられず、常に背中に自分の名前をつけ、名を聞かれたら背中を指して答えていたそうです。周利槃特が亡くなった後、彼の墓から草が生えてきたため、その草を「茗荷《みょうが》」（茗を荷《にな》う）と名付けたといわれています。

でも、実際のところは、ミョウガには記憶力を高める効果があります。ミョウガに含まれる、あの独特の香りのもとであるαピネンという成分には、頭をスッキリとさせて脳を活性化させる効果があるそうです。つまり、物忘れをするどころか、逆に記憶力や判断力が上がるといってよいほどです。

ミョウガは五行では主に「金」のグループに入ります。緊張をほぐして、心を軽くする効果がありますから、試験などの大事な勝負どころで上手に活用したい食材ですね。ただし、ミョウガのように「薬味」と呼ばれるものは強い食材であるため、食べ過ぎには注意が必要です。毎日の食卓に少しだけ取り入れて楽しんでください。

第4章

仕事がうまくいく外食術

あなたは1週間にどれくらい外食をしますか?「ほぼ毎日」という人もいれば、「数カ月に1回程度」という人もいることでしょう。頻度の差はあれ、ビジネスパーソンならば飲み会、打ち上げ、会食、接待などで飲食店で食事をする機会も多いと思います。

外食時の飲食店選びのポイントは、食べ手の「時間の有無」「予算の有無」「食欲の有無」の3点によって変化します。また、朝食・昼食・夕食のどの食事なのか、一人で食べるのか何人かで食べるのかによっても、選ぶお店は変わってきますよね。

本章では、第3章で伝えた「どんな状態のときに何を食べたら効果があるのか」を踏まえて、「外食時にどのお店で何を食べたら仕事に生かせるか」という効果的な外食術を、五行理論から紹介します。あらゆる飲食店やメニューを紹介することはできませんが、きっと、日々のお店選びの参考になるはずです。

1.「時間あり・予算あり・食欲あり」の場合

迷ったときは定食屋

定食屋の特徴は、ごはん、汁物、メインのおかず、小鉢などもついて、栄養バランスに優れた食事ができるところです。栄養バランスという点において定食の右に出るものはなく、朝食、昼食、夕食全ての食事におすすめできます。ただし、定食は主菜と副菜に分かれており、注文を受けてから焼いたり温めたりすることも多いため、食べるのに時間を要します。また、どうしても価格設定の高い店が多いため、予算も必要です。一方、ボリュームがあってしっかり食べられるので食欲は満たされるでしょう。

定食屋といってもいくつか種類があります。例えば、「お母さん食堂」といったたたずまいの個人店なら、メインのおかずや小鉢がカウンターにずらりと並び、そこから好きなものを選ぶことができます。

居酒屋が昼の営業として出しているランチメニューであれば、Ａ定食、Ｂ定食……など、決められた組み合わせから好みの定食セットを選ぶことが多いでしょう。また、大手の外食チェーン店であれば、１日を通して数多くの定食が提供されているものです。

定食のメリットは、多種多様な食材をふんだんに使ったものが多いため、今の自分にぴったりのメニューに必ず出合えることです。

朝食を食べるときは緑色のものを多く選び、１日の始まりを意識してください。昼食なら、午後の仕事に必要な五行から選んでください。定食にはごはん、汁物、小鉢などありますが、メインのおかずが最も大きな効果を発揮します。

例えば、豚の生姜焼きであれば「金」と「水」、鶏の南蛮唐揚げなら「木」と「金」、サバの塩焼きであれば「木」と「水」の五行の効果を得られます。そこに小鉢で別の五行グループを取り入れることができれば申し分ありません。ホウレンソウや小松菜のおひたしなら「木」、きんぴらごぼうは「火」、ひじきやゴマあえなら「水」の効果が期待できます。

夕食の場合は、油揚げや麸《ふ》の入った味噌汁、カボチャの煮物などで「土」の効果を取り入れると、ゆったりとした気持ちで1日を終えることができるでしょう。

実はバランスがとれたトンカツ店

ビジネス街に必ずといってよいほどあるのがトンカツ店です。老舗の有名店のような高級店から、気軽に食べられる個人店やチェーン店まで、お財布事情に合わせて選ぶことができます。揚げ物なので、時間に余裕があるとき向きです。

豚肉は「水」の食材です。トンカツに必ず添えられるキャベツは「木」、汁物が豚汁であればこんにゃく、油揚げ、大根、ニンジンと具だくさんで、五行の食材があれもこれも使われています。そこに白いごはんがあれば、五行のバランスは完璧です。カロリーが高いイメージのあるトンカツですが、栄養学的にも五行的にもバランスの取れたメニューなのです。

　揚げるときに使う油の種類によっても五行のバランスが変わってきます。冷静さや判断力をアップしたいときは、「水」のグループであるラードを使う店を。落ち着きや安定が欲しいときには、「土」のグループを取り入れてサラダ油で揚げている店を選ぶとよいでしょう。

　トンカツ店のメニューには、ヒレカツやロースカツ、串カツなども載っているかもしれませんが、何を選んでも五行的には大きな違いはありません。ただし、カロリーの摂り過ぎと、消化に時間がかかるので食べる時間には気をつけましょう。

みんな大好きな国民食、おすし

　オフィス街にあるすし店では、昼時にリーズナブルなメニューを提供している店が数多くあります。夜に比べたら入りやすいかもしれませんね。とはいっても、やはり予算に余裕があるときに選ぶことが多いでしょう。

　酢飯を使うすしは「木」のグループです。ネタの魚介類は、青魚が「木」、白身魚は「金」、貝類が「水」、マグロやエビは「火」のグループです。

「土」の魚介は少ないので、ここでは黄色い食べ物である玉子焼きや茶わん蒸しを選びます。

ランチタイムのお任せ握りやちらしずしであれば、五行の各グループをまんべんなく網羅しているでしょう。夜はお好みで自由に食べる形ならば、1日の締めくくりとして、あるいは明日の仕事に向けての五行の効果を考えながら注文してみてください。

例えば、翌日に取引先に引き継ぎのあいさつに向かうならば、社交性を上げるために「木」のイワシやサンマ、アジなど青魚を。季節によってはブリもいいですね。

「明日は1日中、新規開拓の飛び込み営業をする」というのであれば、挑戦する力やバイタリティを強める「火」を取り入れ、マグロ、エビ、タコ、イクラなどの赤い色のネタがおすすめです。

もしくは、「今日はずっと気を張り詰めて会議に出ていた」というときは、リラックスするために「金」のタイ、ヒラメ、スズキなどの白身魚を食べましょう。

冷静に検討したい、少しクールダウンしたいといったときは「水」のグループの貝類を食べてみてください。また、落ち着きや安定を求めるならば「土」の玉子焼き、茶わん蒸しなど。カズノコなどの魚卵もおすすめです。

ところでおすしは、一緒に食事をする相手が頼むネタから「相手が何を考えているのか」「どうしたいと思っているのか」を垣間見ることができます。

　これまでに紹介してきた五行のグループを意識してみてください。例えば、部下がイワシやサンマ、アジなどの青魚、つまり「木」のグループのネタを好んで頼むようであれば「頑張ろうという前向きな気持ちを十分に持っている」と読むことができます。これを踏まえて、あなたが部下に対して上手に仕事の道筋をつけてあげれば、力を発揮してくれる可能性が大いにあります。

　白身の魚やイカなどの「金」のグループのネタを食べているようであれば、思うように働けていない可能性があります。この場合は緊張を和らげる工夫をしてあげると、仕事の効率も上がってくるでしょう。

　では、上司がマグロ、イクラ、エビなど「火」のグループのネタばかり食べていたらどうなのでしょう。これは「力が十分に満ちており、使いどころを探している」と、読み取ることができます。頼れる上司だと考えられますから、仕事の相談をしてみてはいかがでしょうか。

　また、上司が貝類など「水」のグループのネタを中心に食べているときは、職場以外でのあなたの様子を観察しているかもしれません。白身の魚など「金」のグループを食べていたら、上司も緊張している可能性があります。あなたから聞きたいことや知りたいことがあるけれど、言い出せずにいるのかもしれません。そんなときは、自分から心を開いて話をするために「火」のグループのマグロを食べることをおすすめします。

みんなの人気者！町中華

「中華」というジャンルはとても幅が広く、一人で切り盛りしている小さなラーメン店から、コースで提供される高級店までさまざまです。ここでは、その真ん中あたりに位置するであろう「町中華」を見ていきたいと思います。たいていは店主ともう一人くらいで調理場とフロアを切り盛りしている店が多く、混み具合によっては提供まで少し時間がかかるかもしれません。価格設定は決して高くはないけれど、リーズナブルとも言い難いのが町中華です。

町中華ではラーメン、チャーハン、餃子や春巻きなどの簡単な点心、酢豚、回鍋肉など、定番の中華料理を食べることができます。気をつけたいのは、選ぶものによっては五行的に偏ってしまうことです。

例えば酢豚や青椒肉絲、八宝菜のように複数の食材を使うおかずがメインであれば問題ありません。しかし、ラーメンやチャーハンなどは限られた五行しか取り入れられないので、バランスを取るというよりは、目的に合致するものを食べたいときに向いているかもしれません。

麻婆豆腐や鶏の唐揚げなどは「金」のグループで、リラックスしたいときにおすすめです。一方、「午後に大事なプレゼンがある」など、気を抜いてはいけないときには避けたほうがいいメニューです。

エビのチリソースは「火」の食べ物で、午後に大きな仕事が控えているなど、気持ちを奮い立たせる必要があるときにおすすめです。しかし、午後は内勤で事務処理作業……といった日は、パワーがあり余ってしまいますのでご注意を。

町中華は昼でも夜でも気軽に使える店

として人気です。夕食の場合は、その日に食べたものとのバランスを考えて、足りない五行を補うように心がけてください。また、翌日の予定を思い浮かべて、何を食べたら効果的なのかも考えられるといいですね。

プロローグで登場した中村さんも、今日はたくさん仕事をしてお腹がぺこぺこ。そんな日は、チャーシューを載せたラーメンに餃子もつけてボリュームアップ。餃子は豚肉の「水」と小麦粉の「金」の効果が得られるため、その日の仕事を冷静に振り返りつつ、リラックスしながら食事を楽しめます。

町中華ではアルコールと一緒にクラゲの酢の物や搾菜《ザーサイ》、餃子などをつまみにすることがあるかもしれません。塩辛いものや「水」のグループのものは頭が冴えてしまうので、のんびり過ごしたいときには避けたほうがよいかもしれません。

2.「時間あり・予算あり・食欲なし」の場合

今も昔も喫茶店は心のオアシス

カフェやコーヒーショップがなかった昭和の時代、お茶をするときは喫茶店一択でした。朝食のモーニングから始まり、昼食後のコーヒータイム、終業後の待ち合わせまで、あらゆるシーンで使われてきたのが喫茶店です。

今ではコーヒーショップやカフェが登場し、さらにはコンビニでもコーヒーが買えるようになったため、喫茶店は町からどんどん消えつつあります。全日本珈琲協会の調査によると、この30年間で全国の喫茶店の数は半分になってしまったそうです。それでも、ここ数年のレトロブームもあり、今また注目され始めています。

朝の喫茶店といえば、モーニングセット。飲み物を頼めばトーストやゆで卵、サラダなどがついてくるスタイルです。こんがりと焼かれたトーストと香り高いコーヒーは、五行の中では「火」と「土」の要素が強く、「金」と「水」の要素も併せ持つのでバランスがよく、仕事前の朝食にぴったりです。また、飲み物はコーヒーのほか、フルーツジュースや紅茶など、他の五行グループのものを選ぶこともでき、自分が欲しい効果に合わせてアレンジができます。

食欲があまりない日の昼食も、朝食と同様に、コーヒーや紅茶などの飲み物に加えて、ミックスサンドイッチやホットドッグなど、パンをメインにした軽めのメニューを選ぶことができます。

コーヒーショップと比べると飲み物1杯の値段は高くなりますが、それでも喫茶店には、静かな空間で落ち着いて食事ができるというメリットがあります。1日の予定に思いを巡らせながら心と体の両方を休めたいときに最適です。

カフェの軽食を活用しよう

ところでカフェと喫茶店の違いは何でしょう？　実は、厳密には両者に違いはありません。飲食店には提供するものによって法律上の区別はありますが、呼び名は自由です。ですから、ここでは一般的に思い浮かべられる「喫茶店＝静かな・昔風の・お茶を飲む店」と「カフェ＝おしゃれな・今風の・軽食が食べられる店」といったイメージで捉えてください。

一般的に、カフェは喫茶店に比べると食べ物の種類が豊富であることが多いかもしれません。値段の割にボリュームはあまり期待できないかもしれませんが、パンだけでなく、パスタやちょっとしゃれたメニューなども食べることができる店が多いでしょう。

朝食では、ベーグルやパンケーキなどに加えてシリアルなども選べることがあるので、例えば人前で発表するなどの緊張する予定がある朝には、そういったメニューで「金」の効果を取り入れるとよいでしょう。また、フルーツや野菜を使ったメニューも豊富なので

「木」のグループにも強そうです。

昼食では、ワンプレートに色とりどりのおかずが載ったランチをよく見かけます。これは五行のバランスを簡単に整えることができるので、おすすめです。また、スパイスをたっぷりと使ったエスニック料理があれば、肩の力を抜いて仕事に向き合う「金」のグループの効果が期待できるメニューがありそうです。

プロローグで登場した田代さんも、時々、カフェで昼食を食べることがあります。行きつけのカフェの今日の日替わりエスニックランチは、ナンプラーと豆板醤で味付けしてバジルとパクチーをたっぷり載せたガパオライスと、酸っぱくて辛いトムヤムスープのセットでした。

たっぷりのスパイスに食欲が刺激され、また「金」の五行の効果でリラックス感を得ることもできたようです。

大人も楽しめる回るすし

前項「時間あり・予算あり・食欲あり」の飲食店としてすし店を取り上げました。同じすし店でも、食欲がないときに使いたいのは回転ずしや立ち食いのすし店です。お任せ握りを食べきれるほどの食欲がないときに、好みのネタ、効果を求める五行のネタから数貫だけ食べることができる点が使い勝手がよいですね。ただし、食べたいネタを選んでいくと、食欲はなくてもそれなりの予算は必要です。

前述したとおり、すしは「木」のグループである酢飯の酸味がベースになるため、我欲を抑えたいときや、思いとは裏腹であっても周囲に優しくしなくてはならないときなどには、ぜひ食べたいメニューです。

食欲がない理由が明確ならば、その原因を解決するためのネタを選ぶこともできます。元気がなく、パワーが必要なときは「火」のマグロやエビを。緊張感が抜けないときは「金」のイカや白身の魚を選びましょう。たった数貫食べるだけでも仕事に向き合う心が格段に軽くなるはずです。

なお、夕食の場合は食事を済ませたら帰って休むだけ、ということも多いでしょう。そういうときは、無理にパワーを上げる必要はなく、逆にパワーダウンさせてくれる「土」グループの玉子焼きやウニなどがおすすめです。汁物は、ワカメや貝類よりも魚のあらなどを使った味噌汁のほうがパワーダウンに効果を発揮します。

3.「時間なし・予算あり・食欲あり」の場合

子どもから大人まで、みんな大好きなカレーライス

子どもから大人まで、好きな食べ物調査では必ずといっていいほど上位に入るのがカレーライス。今やすっかり日本人のソウルフードともいえます。

本場インドのカレーとは少し異なる日本式のカレーライスは、インド料理店ではなく専門のチェーン店が人気です。カレーのファストフードともいわれる大手のチェーン店であれば、提供までのスピードも速く、時間がないときでも安心して選ぶことができます。ボリュームもあって空腹を満たしてくれますが、トッピング次第では予算もしっかり必要です。

10年以上前になりますが、野球のイチロー選手が朝食にカレーを食べているというニュースが、彼の活躍と相まって注目され、「朝カレー」という言葉が作られました。それまでは「朝食にカレーを食べるなんて!?」という印象でしたが、栄養面や医学的な面からのメリットが大きい点を専門家が説いたこともあり、今では「朝カレー」がすっかり定着したようです。

朝からスパイスたっぷりのカレーを食べることは、体にはもちろん、五行理論からもおすすめです。スパイスは「金」のグループです。朝食にカレーを食べると、1日をリラックスして始めることができます。特に大事な仕事が控えている日は、「朝カレー」が余計な肩の力を抜いてくれることでしょう。

ただ、朝食でカレーを食べるときは、トッピングや具材はあまり凝らずに、シンプルなものをおすすめします。カレールーに使われているスパイスの持つ効果をストレートに取り入れたいからです。

一方、昼食でカレーを食べるときは、午前中の仕事のケアや午後に控えている仕事の内容に合わせて、具材やトッピングを選んでみましょう。血糖値の急上昇には気をつけながら、ぜひ、あなたオリジナルのカレーで午後の仕事を乗り切ってください。

決断や判断を迫られているときは、「水」のアサリなどの貝をはじめ、「火」のエビや、

「金」のイカを使ったシーフードカレーがおすすめです。

細かい数字を処理しなくてはならないときは、「水」のグループをメインに、ソース（ルー）も具材もポークでそろえてみるといいでしょう。

プロローグで登場した長谷川さんは、ここのところ後輩の仕上げた伝票をチェックしたり、納品書のフォーマットの組み方を指導したりして数字を読むことが多い毎日です。午後の仕事でもミスせず丁寧に取り組めるように、今日のランチにはポークソースの豚しゃぶカレーを選びました。

また、夕食にもカレーライスはおすすめです。スパイス、つまり「金」の五

行は、その日1日の仕事の疲れを癒やしてくれるからです。定番の、ジャガイモ・ニンジン・タマネギを使ったカレーは、リラックスと休息におすすめです。「金」のカレールーに、ジャガイモで「土」を加えることで、ゆったりと落ち着いた気分になれるでしょう。「火」のニンジンが入ることで、ほんの少し、明日へのポジティブさをトッピングすることもできます。

なお、夕食であればポークカレーよりもビーフカレーやチキンカレーをおすすめします。ポークは「水」グループなので1日を冷静に、どちらかというと厳しめに振り返ることになります。そのため、ゆっくりリラックスできない可能性があるからです。

いつでも頼れる牛丼チェーン店

牛丼チェーン店は24時間営業が多く、朝昼夕のいつでも時間をかけずに食べられるので、忙しいビジネスパーソンにうってつけの飲食店です。全国展開している店が多く、出張先などでも見つけやすく、安心して利用できるというメリットもあります。

牛丼チェーン店では、ごはんの量から上に載せる具の量まで、細かくカスタマイズすることができます。予算があればその時々の空腹具合によってアレンジできるのも嬉しいですね。

牛丼のメインである牛肉は「土」の食材、甘じょっぱい汁も「土」のグループです。そこにタマネギやシラタキで「金」が加わります。「土」と「金」のグループの特徴は「落ち着いて、力まずに、やるべきことをやる」です。

昼食で利用するならば、午後の仕事へのもうひと頑張りとして、牛丼に備えつけの紅ショウガをたっぷり載せて食べてみてください。紅ショウガの赤い色と酸っぱい味は「火」と「木」の効果がやる気を奮い立たせてくれます。辛さが平気であれば、７種の薬味が入った七味唐辛子を普段より多めに振りかけることで、手軽に五行のバランスを取れるのでおすすめです。

夕食に牛丼を食べるときは、その日に食べたものを思い出しながら、牛丼に加えて小鉢をつけることをおすすめします。お新香やサラダだけでなく、卵や冷ややっこ、大根おろしなど、店によっては五行のバランスを整えることができる小鉢がバラエティ豊かにそろっています。

便利さで選べばバーガーショップ

昼でも夜でも時間がないときに手軽に食べられる店、ファストフードの先駆けとして外せないのがバーガーショップです。

ハンバーガーのパティは牛肉で、五行では安定と落ち着きの「土」の食材です。朝食や昼食で食べるならば、活力アップのために、できれば「木」や「火」のグループも取り入れたいところです。ぜひ、サラダやフルーツも添えてみてください。フルーツジュースやトマトジュースなどでも構いません。

パティの定番は牛肉ですが、中には白身魚やチキンを使ったものもあります。白身魚やチキンは「金」の食材ですから、リラックス効果が期待できます。また、「水」の豚肉を使ったパティや、ソーセージを使ったホットドッグを選べば冷静な判断力を高めることができます。さらに、やる気や情熱を高めたいときには「火」のエビを使ったエビカツバーガーがおすすめです。

アボカドやゴーヤなど「木」のグループである緑色の食材をトッピングできる店もありますね。珍しいところでは、丸ごとのカニバーガーなども。

今や、サイドメニューも豊富になったハンバーガー。予算に余裕があるとき向きですが、ボリュームがあって手早く食べられるため、時間をかけずに食欲を満たしたいときにおすすめです。

４．「時間なし・予算なし・食欲あり」の場合

誰もが一度はお世話になったことがあるはず？　駅そば

時間がないときの急ぎランチの定番といえば、駅そば。意外にも、朝ごはんに使う人も多いらしく、最近では「モーニングそば」を展開している店も多いですね。

五行でいうと、そばは「水」のグループです。仕事に向き合う冷静さを養ってくれる効果が期待できます。そこに、ワカメ、山菜、卵、ちくわ天やとり天、あるいはかき揚げなど、五行のいずれかに属するトッピングが選べるのが特徴です。

また、そばにつきものの青ネギは「木」のグループ。朝食時は気持ち多めに載せることで、新鮮な気持ちで今日の仕事をスタートさせることができます。

営業に向かう前であれば、ゴボウやサツマイモなどの天ぷらや、エビやトウモロコシなどを使ったかき揚げを載せたそばがおすすめです。アピール力が増強されますので、思いの丈を十分に伝えられるでしょう。

気の重い案件が控えているときには、そばではなく、うどんのほうがよいかもしれません。そばもうどんも炭水化物で体のエネルギーになってくれますが、うどんは「気楽にい

こう！」の「金」のグループ。油揚げを載せたきつねうどんを選べば、肩の力を抜いて落ち着いて対処できるでしょう。

夕食に駅そばを食べるときは、うどんやそばだけでは少し物足りなく感じるならば、いなりずしを足してみてください。甘く煮た油揚げが「土」グループの力を発揮して、仕事終わりのゆったりと落ち着いた気持ちにしてくれます。

あるなら絶対に使いたい！ 社員食堂

厳密にいうと飲食店ではないかもしれませんが、社員食堂、通称「社食」はビジネスパーソンの強い味方であることに間違いありません。営業時間はランチタイムのみ、というケースが多いかもしれませんが、最近では朝から夜まで営業し、社員の健康をサポートしている会社も増えているようです。結果として仕事の効率が上がれば、会社にとって大きな利益になりますね。福利厚生の一環という位置付けであることも多いため、お財布にも優しい食事です。

会社の規模にもよりますが、和食洋食の日替わり定食や、ラーメン、うどんなどの麺類、カレーライスなどが定番メニューではないでしょうか。

定食は五行的にバランスが取れていることは、これまでに何度も述べてきました。ラーメン、うどん、カレーなどの単品メニューを選ぶときは小鉢やフルーツなどを付け足して、自分に合った五行のバランスを整えてみてください。

朝限定、牛丼チェーン店

時間も予算もないけれど、温かいものをバランスよく食べたいときに牛丼チェーン店は大助かりです。

朝の牛丼店では、白ごはんとお味噌汁に焼き鮭、そこに卵、納豆、豆腐などの小鉢がついた定食風のメニューが破格の値段で提供されます。こうしたメニューは五行のバランスもよく、またすいているので穴場でもあり、朝食としておすすめです。

5.「時間なし・予算なし・食欲なし」の場合

消えゆくミルクスタンド&ジューススタンド

体調が悪いわけではないけれど、あまり食欲がない……。そんな朝もあると思います。時間もないし、お財布にも余裕がない。それでも朝食に何か食べておかないと落ち着かない……という人もいるでしょう。薬を飲む前にお腹に何かを入れておきたいといった理由もあるかもしれません。

そんな食欲がないときにおすすめしたいのが、駅の中にあるミルクスタンドやジューススタンドです。駅のホームや改札口の近くにあるスタンド形式（立ち飲み）の店は、1960年代ごろに登場して以来、長くビジネスパーソンに愛用されてきました。

瓶の牛乳と菓子パンなどを提供するミルクスタンドは、1966年には首都圏のJR（当時は国鉄）や私鉄の駅に25店舗ほどあったそうですが、2024年現在、JR秋葉原駅に2店と、同じくJRの御徒町駅の計3店舗のみになってしまったそうです。

ジューススタンドは百貨店の食品売り場（いわゆる「デパ地下」）でよく見かけますね。以前は駅の中にも店舗がありましたが、現在は駅構内にあるのは大阪梅田に残っているミックスジュースのお店だけかもしれません。自動販売機やコンビニエンスストアが取って代わってしまったのでしょう。

五行理論から考えると、牛乳は「金」のグループです。食欲のない朝にも、少しリラックスを与えてくれる効果があります。牛乳をそのまま飲むだけでもよいのですが、コーヒー牛乳やフルーツ牛乳など、味や香りがついたものを選べばさらに別の五行の効果がプラスされます。

ジュースを飲むときは、どの五行の果物を使っているのかを考えて選びましょう。イチゴやスイカなら「火」の情熱ややる気がアップ。酸っぱい柑橘系や、メロン、キウイは「木」。社交性や思いやり、新鮮な気持ちを高める力があります。このほか、パイナップルやバナナ、マンゴーなど南国の果物であれば「土」のグループなので、落ち着きや誠実さを上げてくれます。ブルーベリーやブドウなら「水」。冷静な判断力やコツコツと学び続ける継続する力が上がるでしょう。

たった1杯のジュースや牛乳でも、体にはもちろん、五行的にも仕事に好影響を及ぼしてくれるものです。ぜひ、活用してみてください。

軽食も食べられるコーヒースタンド

ミルクスタンドやジューススタンドに取って代わったかのように駅の中や繁華街などに増えてきているスタンド形式のコーヒーショップも食欲のない日におすすめです。

コーヒースタンドには小さなパンや、クッキー、スナックなどがレジ横に置いてあることが多いものです。コーヒーや紅茶などの飲み物と一緒にちょっとした軽食を購入して、口に入れることができます。脳を働かせるためには、糖分が必要です。ポケットサイズのクッキーなどをコーヒーやお茶などと一緒に食べることができるのもおすすめしたい理由です。また、コーヒーや紅茶も、できればストレートで飲むのではなく牛乳や糖分を加えたいところです。

割合は違いますが、コーヒーも紅茶も「火」と「水」の両方の五行を併せ持っています。冷静さと積極的な行動という、一見相反する効果を持つ2つのグループですが、どちらもビジネスパーソンにとっては必要不可欠な要素です。

緊張感や悩みから食欲がない場合は、「金」のグループの食べ物、例えば牛乳やヨーグルトなどで体と心をリラックスさせましょう。一方、疲れやだるさなどから食欲がないときには、「水」や「火」のグループの力を借りて、仕事に向き合う力を持つようにしましょう。

ただし、いつまでも食欲が戻らないなど不調が長引く場合は、きちんとした休息を取り、医師の診断を求めることも忘れないでくださいね。

6.【番外編】外食できないときは

ここまで「時間」「食欲」「予算」の３つの有無によって活用できる飲食店を紹介してきました。残るは「時間なし・食欲なし・予算あり」と「時間あり・食欲あり（または、なし）・予算なし」のケースです。

現実的には、こうした場合は「飲食店を使わない」という選択をすることが多いと思います。では、どのような対応ができるか考えてみましょう。

「時間なし・食欲なし・予算あり」の場合

「時間はないし、食欲もないけれど、予算だけはある」というケースは、ビジネスパーソンの普段の食事ではあまりないかもしれません。仕事が忙しくて手が離せないし、食欲もそれほどあるわけではないけれども、食事の時間だし、三食ちゃんと食べないと……といった状況でしょうか。

こんなときには、デリバリーを使うことをおすすめします。一般的にデリバリーは、同じメニューでありながら、手数料や配達料などがかかるので通常店舗で食べるよりも割高であるものです。しかし、今では街の飲食店にとどまらず、デパートの地下食料品売り場から高層階のレストラン街に至るまで、デリバリーしてくれる店は年々増え続けています。しかも、朝昼晩どの食事にも対応可能であることも多く、便利でありがたいですね。

仕事の手を休めずにスマホから注文し、食べたいものを食べたいときに食べたいだけ届けてもらえるサービスは、忙しいビジネスパーソンの今どきの食事ともいえるでしょう。

ちなみに五行理論で考えた場合、材料だけでなく「高級食材」といったくくりでもそれぞれ属するグループが変わってきます。例えば、デパ地下の選りすぐりの食材を使ったメニューであれば「火」と「金」のグループの効果があるとされます。力まずに肩の力を抜きつつ、情熱とパワーを惜しみなく発揮できる――そんな効果が期待できるでしょう。

「時間あり・食欲問わず・予算なし」の場合

「時間はたっぷりあるけれど、予算はない」という場合は、外食ではなく自炊をおすすめします。なお、この場合の食欲の有無は問いません。自炊であれば、自分の空腹具合に合わせてボリュームの調整が可能だからです。

慣れていないと自炊は手間がかかるし、一人分しか作らなければ食材に無駄が出てしまうこともあります。それでも時間があれば予算をかけずに自分の食べたいものをゆっくり考えて調理することができます。今の自分に必要な五行の食材を選ぶことも可能になりますよね。

さらに自炊のメリットは、仕事にも生かせることです。食材を選んで調理するという作業は仕事術にも通じるものがあるのではないでしょうか。ぜひ、チャレンジしてみてください。

7. 接待・会食・宴会などで使える飲食店

ここまで、五行理論を使って個人の仕事に生かせる飲食店を紹介してきました。ここからはビジネス会食として得意先を接待したり、職場での宴会をしたりするときなどに使いたい店を五行理論から探していきます。

接待に適したお店（和食編）

接待とは相手と良好な関係を築き、ビジネスをより発展させるためにもてなすことです。時間が限られている業務中の商談では話せないことでも、共に食事をしながらのリラックスした場では、和やかな雰囲気の中で話すことができるからです。相手のことを深く知り、同じ時間を共有することで親密感が増して互いの距離が縮まり、それをビジネスにつなげていくのが接待の目的です。

接待で大事なことは、おもてなしの心です。お店を選ぶときも、先方が気に入ることを念頭に手配をするでしょう。ここでは、提供されるメニューが和食か洋食かに分けて考えていきます。

一般的に和食店であれば、すし店、割烹《かっぽう》や料亭などの日本料理店が選ばれると思います。多くは魚介を中心に季節の野菜などを調理したものが出されます。味付けは上品な薄味で、だしや素材そのものの味を楽しむ店が多いと思います。

冷静に商談を進めていきたいときは、「水」の五行が強い店やメニューを選ぶとよいでしょう。貝類などを中心に食べさせてくれる店や、味が少し濃くなりますがウナギのコース料理なども。鯉のあらいがつく店であればパーフェクトです。ウナギも鯉も「水」のグループの食材なので、冷静に状況を見ながら話を進めることができるはずです。

逆に、こちらの熱意を伝えたい、これから仕事のパートナーとして情熱的に関わってもらいたい……といった場合は、「火」のメニューを選びましょう。魚介類であればマグロやタイ、カニやエビなどもよいでしょう。

プロローグで登場した山本さんも、何

としてでも受注したい商談を控え、相手に自分たちの熱意を伝えたいと考えています。そこで、「鯛めし」が有名な小料理屋を選ぶことにしました。

また、今よりももっと距離を縮めたい、親しくなりたいという相手であれば、「金」の五行を使った鍋などがおすすめです。鶏の水炊きやフグ鍋などは、使われる野菜も含めて「金」のグループの鍋料理になります。

ただし、「土」のグループの食べ物は味が濃いものが多くて、接待の食事メニューとしては不向きかもしれません。例えばおでんや焼き鳥などは、それぞれの具材は複数の五行にまたがりますが、味で判断すると「土」の五行が強いメニューです。すき焼きやしゃぶしゃぶなども「土」のグループになります。

ですから、「土」のメニューを使うときは、少し泥臭いやりとりや、損得ではなく誠意を伝えたいときなどに向いています。もしくは、すでに親しく、お互いに気の置けない間柄の相手との接待や打ち合わせに使うのがよいでしょう。

接待に適したお店（洋食編）

顔を合わせてからまだ日が浅く、互いに腹の内を探り合っているような段階であれば

「木」の五行をメインにメニューを考えるとよいかもしれません。緑の野菜を多く取り入れたメニューや、トマトの酸味が楽しめるイタリア料理などがおすすめです。イタリア料理ならば肉や魚のメニューも豊富にあるので、進行させたい案件に応じて五行から素材を選んでみてください。

冷静に事を進め、末永くビジネス関係を継続させたいと考える相手との会食であれば、「水」のグループを選びましょう。「水」のグループで洋食を選ぶときには、ワインがカギになります。おいしいワインと、同じく「水」のグループであるチーズを主役にしてメニューを選んでください。

暗礁に乗り上げてしまった商談を何とかまとめたい、といった場合は、「火」の五行をメインに据えましょう。タコやイカなどのシーフードを多用したスペイン料理の店がよいかもしれません。アヒージョのようなオリーブオイルをたっぷり使ったメニューは社交性や相手を思いやる効果が期待できます。こちらにとって良い条件で商談を進めることができるでしょう。

「金」のグループのメニューには、まだお互いに打ち解けておらず、緊張を伴うときなどに、リラックスして話ができる効果があります。あまり接待向きではありませんが、相手の好みによってはインド料理やタイ料理など、スパイスをたっぷり使ったメニューの店がおすすめです。

なお、洋食でも「土」のグループはあまり接待向きではありません。和食のときと同様に、すでに親しくなっている間柄に限り、ステーキのような牛肉をがっつりと食べられるメニューを選んでみてください。

宴会の定番・居酒屋

コロナ禍を経て、最近では社内での食事会や飲み会などの機会は随分と減ったようです。それでも、一つのプロジェクトが終わったときや、歓送迎会、忘年会などの節目のときには、親睦を深めるためにみんなで食事に行きたくなるもの。チーム全体の機運をアップできる絶好の機会です。そんなときはぜひ、五行理論を役立ててみてください。

金曜日の晩に同僚と誘い合って向かう先、仕事の打ち上げなどで使う店といえば、やはり居酒屋が多いのではないでしょうか。少人数でも大人数でも臨機応変に対応できる居酒屋は、ビジネスパーソンの強い味方です。

居酒屋にもいろいろな形態がありますが、ここでは共通項としてビールをはじめとしたアルコールと、「居酒屋」と聞いて誰もが思い浮かべる定番のつまみが中心になる店について考えていきましょう。

最近では「とりあえず、ビール」はあまり聞かなくなってきたようですが、それでも宴会とビールは切っても切れない関係ですよね。ビールはホップの苦味があるため「火」のお酒です。情熱やエネルギーを上げてくれる効果があります。ビールを飲むことでエンジンがかかり、宴会に対して積極的かつ好意的に関わることができます。

ビールと並んで居酒屋でよく飲まれるハイボールは、ウィスキーを炭酸で割ったものです。ウィスキーは「土」のグループであり、落ち着いた気分で腰を据えて取り組む準備が整います。同じ炭酸割りでも、梅酒は焼酎を使うことが多いので「木」と「金」のグループになります。こちらはウィスキーよりも少しだけ軽さを得られます。

居酒屋では飲み物の種類も多く、好きなものが選べます。自分がどんな五行が必要か考えて選ぶとよいでしょう。第2章「6・お酒の時間」も参考にしてください。また、居酒屋の定番メニューはバラエティに富み、必要な五行を選びやすいのが特徴です。

せっかくみんなが集ったので自分の意見を発信したい、といった気持ちを後押ししてくれる「火」のグループのもつ煮込みやきんぴらごぼうなどは、周囲の目を気にせずに堂々と振る舞うことができるでしょう。

参加メンバーとの結束を深めたい、これからも一緒に頑張りたいというときは「土」のグループのメニューがぴったりです。玉子焼きやジャガイモのソテーなどがいいでしょう。宴会のような仕事後の集まりは苦手で、あまり深入りはしたくない。けれども、せっかくなので上手に関わっていきたいというときは、「木」のグループの枝豆や青菜のお浸し、酢の物をおすすめします。

「せっかくなので楽しもう！」と思ったら、「金」のグループ。冷ややっこなどの豆腐を使ったメニューにネギやショウガをたっぷり載せ、イカの刺身や焼き鳥なども食べましょう。薬味をしっかりと効かせるのがポイントです。

周りの盛り上がりから少し距離を置き、冷静に場の雰囲気を眺めておきたいときは「水」のグループです。豚肉を使ったメニュー、例えばソーセージや焼き豚、または貝を使ったメニューや、こんにゃくが使われているものもおすすめです。お酒や場の雰囲気にのまれることなく、それでいて楽しく参加できるでしょう。

気の置けない仲間で鉄板焼き

焼肉やお好み焼きなど、鉄板を使った料理の店は少人数での飲み会や、気心の知れた仲間との打ち上げなどにぴったりです。アウトドアのバーベキューのように、鉄板を囲むことで高揚感と一体感が楽しめます。

焼肉は、実は五行のバランスを整えやすい食事です。打ち上げに使うと、メンバー間のバランスも取りやすく、和気あいあいと食事を楽しめるでしょう。

焼肉は主に牛肉を食べるので「土」のグループです。ホルモンなどを頼むと「火」のグループも加わりますし、緑の野菜も頼めば「木」のグループも取り入れることができ、五行のバランスが整います。

また、焼肉であればキムチがつきものですね。白菜は「火」と「金」と「水」のグループ、キュウリならば、それに加えて「木」のグループも。キムチだけで五行のバランスが整うほどです。

また、飲み物にマッコリや韓国の焼酎などを飲むことがあるかもしれません。マッコリや焼酎は五行のグループの「金」や「水」になりますので、一人ひとりが自立して食事やお酒を楽しみ、いい意味で少しクールな会になるかもしれません。

同じ鉄板でも、お好み焼きはどうでしょう？　こちらも鉄板を使いますが、焼肉と同じくバランスよくバラエティに富んだ五行を楽しむことができます。

お好み焼きは「粉もの」と呼ばれる「金」のグループです。キャベツと卵は「木」と「土」のグループ、ソースは「水」のグループ。これを土台として、そこに具材で他の五行グループを足していきます。

例えば、豚玉であれば豚肉で「水」のグループ。イカやエビを入れれば「金」や「火」のグループに。大阪でよく見かける「ネギすじ焼き」であれば「木」と「火」の効果がプラスされます。

同じ鉄板で焼かれたさまざまな種類のお好み焼きをみんなでシェアするスタイルは、参加者同士の距離が近づき、場が盛り上がります。もちろん五行のバランスも取ることができ、楽しい宴会になること間違いなしです。

大勢で楽しむならビアホール＆ビアガーデン

ビール好きなメンバーなら、ビアホールやビアガーデンが楽しいですね。開放感があり、ザワザワしたにぎやかさすらも魅力に感じられる空間です。

ここのメインは何といってもビールでしょう。これまでも何度か紹介していますが、ビールはホップの苦味があるため「火」のグループです。「火」の五行は明るく積極的に楽しむことを助けてくれる働きがあります。大勢での打ち上げにはぴったりのお酒だといえるでしょう。

ビアホールやビアガーデンの食事の定番はソーセージやジャガイモですが、ジンギスカンが食べられる店もありますね。ジンギスカンは羊の肉を使いますが、羊も「火」の食材です。ビールと羊、どちらも「火」のグループですから、明るくポジティブな宴会になることは間違いなさそうです。

ただし、「火」の勢いが強いと、少し威勢がよくなり過ぎるおそれもあります。そんなときには、場を落ち着かせるために、「土」のグループであるジャガイモのメニュー、例えばポテトフライなどを用意しておくとよいでしょう。

アットホームな飲み会はビストロで

数名での食事会や、仲の良いメンバーでの宴会、仲間うちで食事をメインに楽しむのであれば、ビストロのようなこぢんまりとしたレストランもよいでしょう。フレンチやイタリアンなどと明確に定義されるわけではなく、野菜や肉、魚、チーズなど多様な食材を使った創作料理のようなメニューをワインと一緒に楽しむことができる店です。

出席している全員にそれぞれ必要な五行のメニューを楽しめるのも魅力ですね。例えば白身魚のカルパッチョや、ローストビーフ、季節の野菜のサラダなどがテーブルに上がれば、「木」「土」「火」の五行をそろえることができます。

そこに「水」のグループであるワインが添えられると、五行のバランスも整います。明日からの仕事に有益な情報を得られたり、メンバーと良い関係を構築したりするチャンスが手に入るでしょう。また、ジンやラム酒を使ったカクテルは「土」のグループです。そういったお酒も加えることで安定した関係を築くことができ、メンバー間にがっちりとした絆が生まれます。

冬に囲みたい鍋の会

第3章でもお伝えしましたが、鍋料理は「木」「火」「土」「金」「水」と、全ての五行グループに当てはまる具材や味がそろいます。具材を水で煮て、好みのタレをつけて食べる水炊きやしゃぶしゃぶ。濃いめの味付けが食欲をそそるおでん鍋やすき焼き。味付きのスープで具材を煮てから食べる寄せ鍋やちゃんこ鍋は、それぞれの味付けも醤油、塩、豚骨、カレー、トマトなど、バラエティに富んでいて、入れる具材も郷土色が豊かです。

第3章では出てこなかった鍋料理について紹介していきましょう。淡々と仕事に向き合って確実に処理していきたいときは「水」の鍋。例えば、カキの土手鍋などがおすすめです。

あまり頑張り過ぎず、みんなで楽しく業務を遂行していきたいときには「金」の鍋。鶏の水炊きがよいでしょう。

逆に、みんなが持つ力を出し合って高い目標を達成したいときには、「火」の鍋であるカニ鍋を囲んでみてください。

「土」の五行を上げれば、業務上、揺るぎない安定と確実な前進が期待できます。これは、牛肉を使ったすき焼きがよいでしょう。

初心に戻って一から再スタートを切りたいときには「木」のグループがおすすめです。ぜひ、酸菜白肉鍋（スヮンツァイバイローグォ）を。これは台湾で人気の鍋料理で、酸菜という酸っぱい白菜と豚肉を使った鍋です。

一つの鍋を囲んでみんなで温まる鍋料理は、親睦を深めるのにうってつけのメニューです。忘年会などの冬の宴会では、ぜひ鍋の会を開いてみてくださいね。

コラム

大谷選手とゆで卵

野球に興味のない人でも、大谷翔平選手の活躍ぶりは耳にしたことがあるかと思います。聞くところによると、アメリカのメジャーリーグで大活躍中の大谷選手は、食事のたびにゆで卵を3つ食べているそうです。

以前は、卵の食べ過ぎはコレステロール値が上がるから体によくないとされてきました。しかし最近の研究では、卵をいくつ食べても体に悪影響はないといわれるようになりました。

卵は完全栄養食品と呼ばれています。生であればビタミンを効率よく摂ることができ、半熟や温泉卵であれば消化がよく、栄養の吸収にも優れています。完全に加熱したゆで卵は安全に、そして手軽にタンパク質を摂取できる食べ方です。五行的に卵は「土」と「金」の食材で、安定と肩の力を抜く気軽さを備えています。

私たちが普段の生活で、食事のたびにゆで卵をいくつも食べるのはなかなか難しいものです。でも、1日1回は卵を食べる機会を作り、大谷選手のように、自分のステージでいつも最高の勝負ができるようにしたいですね。

エピローグ

プロローグで紹介した4人の人物の「その後」を追ってみましょう。

まずは、山本洋一さん。山本さんは毎日寝る前に、翌日の仕事を思い浮かべることから始めました。朝食の支度は妻に任せているので、妻と一緒に五行理論を勉強し、その日の仕事にぴったりな食事を考えることを日課にしたのです。

部下がミスしたときは一緒に得意先に出向き、部下の前に立って謝罪しました（第2章71ページ）。礼を尽くした真摯《しんし》な対応に、得意先からも信頼を回復することができたうえに、部下からも「頼りになる上司」と尊敬の念を向けられるようになりました。

部内会議では部下の意見を引き出すだけでなく、自らの意見も述べ、議論を活発化させました（第3章107ページ）。また、何としてでも受注したい大口の商談を控えて行った接待は、先方が山本さんたちの熱意を買ってくれて、見事大成功（第4章183ページ）。そのリーダーシップのある態度に、部下たちはますます山本さんを慕うようになったのです。

　さらに、いつもは忙しそうにしていて話しかけにくそうなオーラが漂っていた山本さんですが、バーベキューを機に一気に部下たちとの距離が縮まりました（第3章122ページ）。今では、仕事の悩みからプライベートの悩みまで、部下から相談事を持ちかけられることもしばしばあります。

　メンバーたちのモチベーションも上がり雰囲気が改善された山本さんのチームは、今期、見事に営業目標を達成。山本さんの上司である部長からも「よくやった」と声をかけられました。

　そして何よりも、山本さん自身が部下との距離が縮まったと感じるようになっ

たのです。部下一人ひとりの能力を伸ばし、チーム全体をもっと盛り上げていきたいという前向きな気持ちが強くなりました。

続いては、長谷川実可子さん。内勤事務として伝票整理や見積もり作成といった数字を扱う仕事を担当している長谷川さん。いつも夜には「今日も細かい作業が多くて疲れたな……」と疲労感を覚えますが、リラックスできる夕食を取り入れ、疲れを翌日に持ち越さないように気をつけるようになりました（第2章83ページ）。

また、数字を扱うときは細かいところまで丁寧にチェックできるように気を配り、ミスをしないようにその日の昼食メニューにも気を配りました（第4章169ページ）。

日々の業務にマンネリ感を覚えていた長谷川さんですが「まずは目の前の仕事にきっちり取り組んで成果を出す。するとそれが自身のキャリアアップに結び付く」と考えるように。そのためには地道に、毎日の仕事のノルマ達成を意識するようになりました（第3章101ページ）。

すると、そんな長谷川さんの小さな変化に気づいた上司から、後輩社員の教育係を任されたのです。人に教えるのが得意ではない長谷川さんにとって、実はあまり嬉しい展開ではありませんでした。でも、後輩のことをよく観察し、足りないことを過不足なく教えながら後輩の能力を引き出す指導法を続けるうちに、後輩は一人で仕事を処理できるように成長しました（第3章118ページ）。

「後輩への指導がうまい」とすっかり評判になった長谷川さん。面談で上司から「どうだい？　新規事業のプロジェクトに参加してみないか？　推薦するよ」と提案されたのです。社内での次の一歩を踏み出すチャンスを得ることができそうです。

3人目は田代奈央さん。派遣社員として仕事をする田代さんは、プロローグでお伝えしたように将来に対して漠然とした不安を抱えていました。

担当業務に対して大きな不満はなく、仕事に疲れたら友人と食事をしたり飲みに行ったりして気分をリフレッシュ（第2章84ページ）。また、職場の近くのカフェでゆっくりランチタイムを取るなどして、上手に気分転換しながら仕事に向き合ってきました（第４章165ページ）。

ところがある日、他人のミスなのに自分が取引先や上司から注意を受けるという理不尽な目に遭い、契約更新に迷いと不安が生まれるようになりました（第3章126ページ）。

それを機に田代さんは、もっと安定した働き方を求めて資格取得にチャレンジすることに（第2章104ページ）。今

は、家族に応援されながら、平日の夜や休日を使って試験勉強に励む毎日を送っています。

そして最後は中村壮太さんです。毎日の仕事が忙しく、食事にはほとんど気を配ってこなかった中村さんですが、好物の麺類を食べるときもトッピングでバランスを取るなどして五行を意識するようになりました。

最初は、午後の仕事を考えて、キビキビ動きたいときは炭水化物に頼り過ぎない食事にするなど、小さな工夫から始めました（第2章76ページ）。そのうち、多忙な業務をミスなく迅速に処理できるようになり（第2章112ページ）、夕

食時にはその日の仕事を振り返りつつ、明日の仕事に備える余裕も生まれてきました（第4章162ページ）。

心と時間にゆとりができた中村さんは、好奇心を持って周りを見渡し、広い視野で物事を捉えられるように（第3章137ページ）。そして、「起業する」という夢を実現させようと、改めて決意を新たにしました。中村さんは自ら友人に連絡をして、「ずっと保留にしてしまっていたけれど、起業に向けての準備を再開しよう」と声をかけたのでした。

以上、あれから4人がどんな経験をして、どんなふうに変わっていったかを紹介しました。いかがでしたか？　にわかには信じられないかもしれませんね。

実は、この本に登場した4人のモデルは私のお客様なのです。もちろん、実際のエピソードをもとに脚色した箇所もあります。

彼らの道はまだまだ続きます。ゴールはすぐそこの方もいれば、まだずっと先の方もいます。この本を読んでいるあなたも、4人と同じように食事を意識して活用することで、彼らのように夢やゴールに一歩ずつ近づくことが可能だということを知ってください。この本に書いてあることを一人でも多くの方が実践してくれたなら、私にとってこんな嬉しいことはありません。

おわりに

最後までお読みいただき、ありがとうございました。いかがでしたか？

明日食べたいものが決まりましたか？　一つに絞りきれず、明日だけでなく明後日も、1週間先のメニューまで決まってしまった方もいるかもしれません。

はじめにお伝えしたように、私たちが一生の間に食べることのできる食事の回数は限りがあります。その中で、あと何回、自分が思うように選んで食事ができるでしょうか？

どうか、1回1回の食事を大切に選んでください。もちろん、全ての食事を思いどおりにする必要はありませんし、そんなことは不可能です。

ですが、せめて自由に選べるときには、この本を参考に、ビジネスに生かしたり、自分のこれからの生き方にプラスになったりするような食事をしてみてほしいのです。

私は日頃、たくさんの方にお会いして、その方が幸せになるため、成功するための方法を一緒に探す仕事をしています。その数は気がついたら2万人を超えていました。

たくさんの方が不安や困り事を抱え、どうしたらよいのかわからず、私のもとへ来店されます。いつも必ず正解を出せるわけではありませんが、お話をうかがい、心がホッとしたり、日々の生活に少しでもお役に立ったりできれば……という思いで、アドバイスをしています。

その結果「頑張れた！」「成功した！」「幸せになった！」といった笑顔の報告をいただけることが何よりの幸せです。

けれども、実際にお会いしてお話しできる数には限りがあります。もっともっと、たくさんの方に成功してもらいたい、幸せになってもらいたいと願い、行き着いたのが、「本を書く」ことでした。

本を書くと決めてからも、その道のりは決して順風満帆ではありませんでした。本のテーマは二転も三転もしました。

それでも、伝えたいと思う芯の部分は一貫して変わることなく、本を読んだ方が簡単に実践できて、幸せになれることでした。

「食べる」ということは、私にとってもとても身近で、生活の中で大きな割合を占めます。小さい頃から食べ物が大好きで、今も食べ物に関する小説やエッセイを読むのが大好き。もちろん食べること自体も大好きです。

そんな私にはぴったりのテーマで、落ち着くべきところに落ち着いたのではないかと思います。

「本を書く」と決めてから、たくさんの方に助けてもらいながらここまでたどり着くことができました。

今回この本に登場してくれた４人をはじめとする、私の大切なお客様と同僚たち。

大事な場所であるにもかかわらず、なかなか時間が取れなくなった私の代わりに、お店の運営を安心して任せられた、ハーブショップグランジェの３人のスタッフ。

状況が変わるたび、落ち込む私を慰め、諦めそうになったときも叱咤《しった》激励《げきれい》してくれ、あるいは調子づきそうになるといさめてくれた夫と子どもたち。

そして、商業出版をするに当たって、足かけ7年もの本当に長い間、親身になって寄り添い応援し続けてくださった出版プロデューサーの倉林秀光先生と、日々先生を支えてくださった奥様の桂子さんには感謝の言葉もありません。

また、出版の労をとってくださった産業能率大学出版部の瓜島香織さんにも深く感謝申し上げます。

他にも、ここでは書ききれないくらい、たくさんの応援と支えがあっての出版です。心からの感謝を伝えたいと思います。

この本が明日も、5年後も、10年後も、皆様の幸せのお手伝いができますように。

2024年10月吉日

西丘理桜

◆参考文献◆

稲田　義行（2022）『幸運を招く陰陽五行』　日本実業出版社

稲田　義行（2016）『現代に息づく陰陽五行』　日本実業出版社

パンウェイ（2009）『元気とキレイの薬膳的暮らし』PHP 研究所

沢野　　勉（2006）『食のことわざ春夏秋冬』　全国学校給食協会

有藤　文香（2008）『中医アロマセラピー家庭の医学書』　池田書店

辻野　将之（2014）『からだと心を整える食養生－食より大切な思考と実践』技術評論社

野澤　卓央（2013）『10 年間 1000 人の成功者に聞いてわかった仕事がうまくいく人の小さなコツ』　PHP 研究所

越川　慎司（2020）『AI 分析でわかったトップ５％社員の習慣』ディスカヴァー・トゥエンティワン

◆著者略歴◆

西丘　理桜（にしおか りおう）

開運カウンセラー・ハーブショップ
「グランジェ」代表
AEAJ 認定アロマテラピーインストラクター
JAMHA 認定ハーバルセラピスト
IFECJ 認定フラワーエッセンスセラピスト

2001 年より、さいたま市にて占いとハーブの店「グランジェ」を運営。以降 20 年以上にわたりショップを運営する傍ら、東洋系の各種占術（四柱推命・六壬神課・紫微斗数・易など）の研究に従事。その理論をベースにしたオリジナルの「西丘式開運九星学」を店頭でのカウンセリングに用いながら、癒やしや悩みごとの解決を求める人たちの相談にあたる。

「西丘式開運九星学」を使ったアドバイスが好評を博し、占術家としても活躍。現在は新橋烏森開運占や原宿塔里木などでも鑑定。若者から中高年まで男女問わず幅広い層の鑑定を実践中。店頭での簡易な相談も含めると、のべ2万5,000人以上の人たちを鑑定しアドバイスしてきた。一方、アロマやハーブなど植物療法の講師として外部での講習や講話も行う。

オリジナルの開運方法「名前箱®」は商標登録され、既存の名前の鑑定はもちろん赤ちゃんの名付けにも広く活用中。

「ハーブショップグランジェ」ホームページ　https://grange.jp

企画協力：倉林 秀光

食べながら成功する

仕事がうまくいく100の開運食事術 〈検印廃止〉

著　者　西丘 理桜
発行者　坂本 清隆
発行所　産業能率大学出版部
東京都世田谷区等々力 6-39-15　〒 158-8630
（電 話）03（6432）2536
（FAX）03（6432）2537
（URL）https://www.sannopub.co.jp/
（振替口座）00100-2-112912

2024 年 11 月 10 日　初版 1 刷発行

印刷・製本／渡辺印刷

（落丁・乱丁はお取り替えいたします）　ISBN 978-4-382-15852-8

産業能率大学出版部刊行

マーフィーの成功法則シリーズのご紹介

- 新装版 眠りながら成功する
- 新装版 あなたはかならず成功する
- 新装第二版 眠りながら巨富を得る
- 新装版 マーフィーの黄金律（ゴールデンルール）
- 新装版 人生に奇跡をおこす
- 新装第二版 マーフィー名言集
- 新装版 あなたも金持になれる
- 新装第二版 あなたはこうして成功する
- 新装版 マーフィー100の成功法則
- 新装版 マーフィーの成功法則
- マーフィー愛の名言集
- マーフィー「人間関係につまずかない」55の法則
- マーフィー「お金に不自由しない人生」55の法則